Abseitsfalle

Samo Kobenter

Abseitsfalle

Essays zu Fußball, Literatur und Politik

Löcker

Gedruckt mit freundlicher Unterstützung des BKA, Sektion für Kunstangelegenheiten, und des Magistrats der Stadt Wien, MA 7, Kultur, Abteilung für Literatur.

© Erhard Löcker GesmbH, Wien 2005
Herstellung: Novographic, Wien
Printed in Austria
ISBN 3-85409-408-6

Inhalt

Vorwort 7

Der Fado des Luis Figo 9

Zidanes Marseillaise 19

Spice boy im Theater der Träume 29

Auf der Suche nach dem rechten Schuh 43

Das Herz eines alten Landes 49

»Oba scheen is schon bei uns«: Brief an einen Freund 59

Eine Reise nach Rom 71

Der zerborstene Spiegel 93

Einmal für Anfänger oder: Was bisher geschah.
   Eine Polemik 107

Das Brot auf der Straße 125

Vorwort

Ich habe dieses Buch geschrieben, weil ich nachts nicht mehr so gut schlafe. Statt mich im Bett herumzuwälzen und die Gedanken weiterzuspinnen, die mich, wie mir scheinen will, erst kurz vorher zum Einschlafen gebracht haben, entschloss ich mich irgendwann, aufzustehen und sie niederzuschreiben.

Das Vorliegende ist also eine Mischung aus Nacht- und Morgengedanken, und woran denkt man denn beim Einschlafen und Aufwachen? An Fußball, Literatur, Politik, kurz an die Ordnung der Dinge und wie sie noch besser in Ordnung gehalten werden könnten. Jede Nacht rettet man die Welt kurz vor dem Einschlafen, jeden Morgen weckt einen der Verdacht, dass es damit nicht sehr weit her sein könnte. Dann beginnt das Tagwerk, und die Welt muss sich wieder bis zum Abend gedulden.

Dieses Buch entstand aus den kurzen Augenblicken vor dem Einschlafen und nach dem Erwachen, ist daher ihnen gewidmet – armselige Dankbarkeit der senilen Bettflucht – und verwehrt sich ausdrücklich, mit irgendwelchen Eulenflügen der Vernunft in Zusammenhang gebracht zu werden. Möge es dem Leser beim Einschlafen helfen und das Erwachen erträglicher machen.

Der Fado des Luis Figo

Luis Figo steht im strömenden Monsunregen Koreas und blickt drein wie ein Trafikant, der einen der plötzlichen Regengüsse über dem Lisboer Barrio Alto im Eingang zu seinem Laden abwarten will. Es ist der Blick eines Seefahrers, zumindest des Nachkommens einer Seefahrernation, die den Unbilden der Witterung von Geburt auf schicksalhaft ausgeliefert und sich jeden Augenblick bewusst war, wie zufällig die Launen der See und der Winde über Glück oder Untergang entscheiden. Sein lockiges Haar klebt am starken Schädel, von den langen Koteletten, dem übernommenen Markenzeichen der Eintänzer und Barbiere, trieft das Wasser, die Augenbrauen sind schmerzlich zusammengezogen, und von den geblähten Nasenflügeln laufen tiefe Falten zu den Mundwinkeln. Sein Blick ist auf einen Punkt im Regenvorhang gerichtet, den nur Figo sieht und den nur sein Schrei erreichen kann, der soeben die wütend von den Zähnen gezogenen Lippen verlassen hat. Vielleicht blickt Figo auch nur diesem Ton nach, der plötzlich aus seinem Inneren herausgebrochen ist, so unvorbereitet, dass es einem, der bei seinen Freunden und Kunden dafür bekannt ist, die wesentlichen Dinge geordnet bei der Hand zu haben, nur peinlich sein kann.

Figo blickt in den Regen und spürt, dass ihm die Dinge entglitten sind, schlimmer noch: dass er hier, im Monsun von Jeonju, an dem Punkt angelangt ist, wo es alle merken. Nicht nur seine Mitspieler, die sich schon längst hinter seinem Rücken lustig machten, nicht nur die Trainer, die es kommen sahen, es merken alle draußen auf den Tribünen, es sieht die ganze Welt, Figo ist gestrandet, der Kapitän des portugiesischen Trawlers, der den Wind riechen kann und das Wasser lesen, der blind die reichsten Fischgründe findet, ist gestrandet. Am Ende. Fast sehnt er sich in den Tabakladen im Barrio, wie sein Besitzer steht er ja schon auf dem Feld.

Aus, vorbei, nach dieser Fahrt wird es keine große mehr geben, er spürt, dass sich der Wind gegen ihn gedreht hat, er hat es nicht mehr in der Hand. Seinem Glück hat er im Grunde nie getraut und stets damit gerechnet, dass es ihn verlassen würde, er hat es misstrauisch belauert wie ein Kind, bloß um seine Flucht nicht zu verpassen und ihm nachrufen zu können: »Wusst ich's doch, dass du gehst.« Einen Augenblick lang hat er nicht achtgegeben, und es ist fort und seine halbe Überraschung reicht gerade zu einem kurzen Schrei, nicht aber zu dem Satz, der in seinem Hirn nun hin- und herrollt wie losgerissenes Leergut im Laderaum.

Es ist keine offene Meuterei, die Crew hört nur nicht mehr auf ihn. Er hat sie verloren im letzten Spiel gegen die USA, und jetzt, hier in Jeonju gegen Polen, lassen sie es ihn spüren. Sie lassen ihn wissen, dass sie ihm nie verziehen haben, wie weit er über ihnen steht und dass sie ihm nie geglaubt haben. Nichts haben sie ihm wirklich abgenommen, obwohl jeder einzelne von ihnen seinen Profit mit ihm gemacht hat: Was wären sie alle ohne seine Kraft, seine Haken, Spurts, ohne die langen Passes quer über das Feld, die zauberhaft genau den ungedeckten Punkt des Gegners fanden, so unmöglich konnte der Winkel gar nicht sein, aus dem er sie schlug. Sie wussten, sie brauchten sich nur tief in die gegnerische Verteidigung stellen und auf den Moment warten, wo ihr Bewacher zwei, drei Schritte Platz machte, und Figos Zuspiel würde sie finden, auch wenn er mit dem Rücken zu ihnen stünde. Was wären sie je geworden ohne seine Eckbälle und Freistöße, ohne seinen Mut, sich in die Vorwärtsbewegung einer herausstürmenden Verteidigung zu stemmen, was wären sie ohne die Kraft seiner Lungen und Beine und seine Bereitschaft, sich Schmerzen zufügen zu lassen, ohne sein Auge, das früher als jedes andere sah, was sich woraus entwickeln könnte. Selbst Victor Baia, dem Schönling mit den Flatterhänden im portugiesischen Tor, hatte er oft genug den Kopf gerettet, hatte den Ball von der Torlinie gekratzt, während Baia am Elfmeter herumhampelte wie ein Schmetterlingsjäger in einem alten Film, der einem taumelnden Falter nachstellt. Baia hatte auch das letzte Match gegen die USA versiebt, aber das änderte nichts daran, dass die Mannschaft ihr Urteil über Figo gefällt hatte.

Und er kann dagegen nicht berufen. Sie wollen seinen Einspruch nicht hören, sie zahlen ihm alles heim, Münze für Münze: Seine Begabung und seinen Fleiß, sein Glück, das ihn so lange begleitet hatte, vor allem aber, dass er als einziger nicht nur unbeschädigt aus der letzten Europameisterschaft hervorgegangen ist, bei der die Mannschaft wieder einmal die in sie gesetzten Erwartungen nicht erfüllt hatte. Schon davor waren sie alle, die einander von Jugend an kannten, Millionäre geworden, aber Figo allein hatte den Olymp gestürmt, hatte die alten Götter vom Himmel gefegt und erreicht, was ihnen verwehrt geblieben war: Fußballer des Jahres, Weltfußballer, teuerster Spieler aller Zeiten, Legende, Idol und Ikone eines ganzen Landes, wie es die Zeitungen immer wieder speicheltriefend hinausposaunten. Figo war nach einer für Portugal verpatzten EM zu einem Heiligen geworden, mehr noch als Eusebio nach der WM 66, die den Portugiesen mit dem dritten Platz das beste Ergebnis überhaupt beschert hatte. Und der Rest der Mannschaft stand als Versager da, bloß weil sie im Halbfinale gegen Frankreich versagt hatten. Durch einen Elfer in der Nachspielzeit.

Die goldene Generation, wie sie seit dem Gewinn der Junioren-WM vor einem Jahrzehnt genannt wurde, war beim ersten Anlauf auf einen großen Titel gescheitert, war nicht erwachsen geworden. Bis auf einen, dem alles verziehen wurde. Bis auf ihn, der schon immer ernster, schneller, schlauer, härter war als sie alle, der als 13jähriger mit den 15jährigen spielte, der mit 15 wie 17 aussah, der mit 17 Jahren fertig war – technisch, körperlich und taktisch.

Und der jetzt dasteht im Vorrundenmatch der WM 2002, die seine hätte werden müssen, und von seinen Leuten keinen Ball bekommt. Er hat es sofort gemerkt und weiß, dass ihn nun eine Kette von Demütigungen erwartet, deren letztes Glied in der völligen Auflösung seiner Funktion als Führer dieser Mannschaft besteht. Alles, was er will, ist, es in Würde hinter sich zu bringen, doch ahnt er, dass sie ihm gerade das vorenthalten wollen. Sie haben es sich auf seiner Kommandabrücke grölend bequem gemacht, dieweil das Schiff mit killenden Segeln aus dem Wind rollt, und schikken nun den abgehalfterten Kapitän um Rum, ihren Sieg zu begießen. Und Figo läuft. Bietet sich in der Verteidigung an, Jorge Costa grinst ihn an und spielt den Ball in die andere Richtung, zu einem schlechter Postierten. Figo geht in die Lücken im Mittelfeld, fordert den Ball, weil er mit einem Pass in die Spitze genau jetzt, aus dieser Position, das Tempo ihres Angriffes verdoppeln könnte, aber er bekommt den Ball nicht. Sprintet sich frei, gegen das Gezerre und die schmerzhaften Tritte seiner Gegenspieler, den Ball aber spielen sie auf Pauleta, der im Zentrum dreifach gedeckt wird.

Figo läuft Wege auf und ab, in die er sonst seine Bälle spielt und sie lassen ihn laufen und spielen an ihm vorbei. Sie füttern Pauleta mit Bällen, den dummen Jungen, neun übereifrige Ammen um einen hungerschreienden Balg, der schnell wachsen muss, denn ihn haben sie ausersehen, Figo endgültig den Garaus zu machen. Pauleta, stets erster bei den zweiten, ist ein bequemes Werkzeug: Trifft er, werden sie mit ihm gefeiert, trifft er nicht, bleibt die Schuld, endlich, an Figo hängen. »Portugals Star außer Form«, die Schlagzeilen werden sie gerne lesen, wer sieht denn nicht gern gedruckt, was er soeben verfasst hat. Diesmal wird Figo der Sündenbock sein, und sicher wird ihm einer der Reporter den Satz aus einem Interview um die Ohren hauen, in dem er vor der WM seine Müdigkeit beklagt und gemeint hatte, sicher nicht mehr lange spielen zu wollen. Und das, werden sie ihm alle vorhalten, mit 29 Jahren.

Aber nicht so. So nicht. So kann sein Ende nicht aussehen, von einer außer Rand und Band geratenen Mannschaft will sich der Kapitän nicht über die Reeling stoßen lassen. Figo wechselt wieder einmal die Position, geht nach rechts, so wie sie spielen, fällt das ohnehin nicht auf, ein einziges Gelächter über den Jux, den sie sich mit ihm erlauben, ist ihr Spiel. Rechtsaußen ist seine gelernte Position, da hat er begonnen, ehe er soweit kam, alles zu dürfen, ehe er Spielmacher wurde. Instinktiv geht er an den Platz seiner Herkunft zurück, und sie sind viel zu überrascht vom raschen Eingeständnis seiner Degradierung, als dass sie ihn dort übersehen könnten – oder wollen sie ihn genau da haben, einen kleinen, um Pässe winselnden Rechtsaußen? Einerlei, die nächste Kugel landet bei Figo im rechten Mittelfeld, ein Blick, ein schnelles Zuspiel entlang der Seitenlinie, der Ball kommt zu Pauleta, der ihn über die Linie drückt. So einfach, und er hat es eingeleitet. Vom rituellen Jubel um den Schützen wendet sich Figo ab, trabt zurück zur Mittellinie, aus den Augenwinkeln beobachtet er, wie sie auf Pauleta hängen. Pause.

Figo ahnt, dass er einen Schlüssel gefunden hat. Bei einem weiteren Versuch über rechts geht er selbst nach außen, zieht mit dem Ball von der Outlinie in den 16er und weiß, dass ihn der polnische Verteidiger nicht mehr abschneiden kann, wartet, bis er ganz heran kommt und grätscht, ein Schritt nach vor und im Fallen weiß Figo schon, daß seine Vorlage genau in den Lauf von Pauleta passt, 2:0. Diesmal läuft er zum Schützen, sie lassen ihn in den Kreis herein, und siehe da, sie gratulieren auch ihm ansatzweise, ein Klapps auf die Schulter.

Den nächsten Pass schlägt Figo tief aus der eigenen Hälfte, cross über 80 Meter nach links, wieder auf Pauleta, der durchläuft und zum dritten Goal trifft. Danach ist einiges klarer. Noch bekommt Figo nicht jeden Ball, den er fordert, aber sie akzeptieren seine Laufwege und bedenken sie mit, widerwillig zwar, aber merkbar und allmählich überzeugter, weil sie erkennen, dass sich allein durch sein Rochieren ihr Spiel stabilisiert. Figo bewegt sich jetzt wieder tief in der Verteidigung der Polen, geht wieder hinaus, wechselt 30 Meter vor dem gegnerischen Tor die Seite, rakkert, läuft, arbeitet hinter den Spitzen, bindet zwei, drei Verteidiger, schafft Platz für Conceicao und Pinto, der gerade gegen Rui Costa ausgewechselt wird.

Jetzt ist er wieder links, läuft parallel zum polnischen Strafraum. Pauleta spielt ihn im Rücken an, Figo nimmt den Ball trotzdem mit, aber am herausstürmenden polnischen Verteidiger wird er nicht vorbeikommen, der Haken geht sich nicht mehr aus, der Mann ist schon zu nah, also lässt sich Figo ein wenig hinter den Ball fallen und zirkelt ihn rechts am Gegner vorbei, im Bogen klatscht die Kugel, die jeder andere weit neben das Tor gesetzt hätte, an die linke Stange, Polens Tormann hat sich nicht einmal bewegt, es wäre auch sinnlos gewesen.

Ausgerechnet dieser Ball bringt Figo zurück, sie räumen maulend die Brücke. Figo hätte geschmunzelt, wenn er nicht zu müde gewesen wäre. Ein Taschenspielertrick hat sie zur Räson gebracht, vorübergehend zumindest, und jetzt sind sie dabei, sich wieder auf seine Seite zu schlagen nach dem schlechten Scherz, den sie endlos lang mit ihm getrieben haben. Figo hätte geschmunzelt, säße die im längsten Spiel seines Lebens erlittene Schmach nicht so tief, er hätte trotzdem geschmunzelt, wenn er sicher wäre, es hätte mit diesem einen Mal sein Bewenden. Aber so ist es nicht, das weiß er genau, dazu war seine Verhöhnung zu lange und gründlich vorbereitet gewesen. Figo denkt, dass etwas für immer vorbei ist und lauscht dem Geräusch nach, das er in seinem Inneren zu vernehmen meint und nicht erkennt, am ehesten erinnert es ihn an das sachte Schließen einer Tür, durch die sich das Kind, das er einmal war, vor den Grausamkeiten der Erwachsenen in Sicherheit brachte. Figo ist plötzlich überzeugt, dass in diesem Spiel etwas aufgehört hat wie eine große Liebe aufhört, ohne Begründung, und er ahnt, als er sich in der letzten Minute mit Bento und Costa zum Dreieck aufstellt, um den Ball im Takt der ablaufenden Sekunden hin- und herzuschieben, dass er zu noch größerer Selbstverleugnung fähig ist und dass sie ihm diese auch abverlangen werden, weil sie gesehen haben, wie er an der Mannschaft und am Spiel hängt – aber nicht an euch, ihr könnt mir gestohlen bleiben, lügt sich Figo in den Sack. Der Schlusspfiff beendet das Geschiebe, bei Figo bleibt der Ball, er lüpft ihn hoch und blickt auf einen Punkt im Regenvorhang von Jeonju, der jetzt deutlicher hervortritt, Figo der Arme, der das Spiel über jede Erniedrigung hinaus liebt und der das hier vor 40.000 Zusehern schamlos eingestanden hat, trotzig bekannt hat, alles zu geben, um hier weiterzuspielen und die letzte Gelegenheit seines Lebens nützen zu können, seinen Titel zu gewinnen, einen echten, großen jenseits aller persönlichen Auszeichnungen und

Zusprüche: In diesem Augenblick erkennt Figo, dass er noch viel weiter gehen wird, dass er bestechen, stehlen und jede Schiebung versuchen wird, um ins Finale zu kommen. Einmal noch, fordert Figo von seinem Schicksal und spricht endlich diesen Satz, inbrünstig, als hätte er ihn soeben erst zu fassen bekommen und mit einer plötzlichen Gier, die ihm die Zähne aufeinander schlagen lässt, einmal noch alles, und koste es das letze, seine Würde, die sie ihm später absprechen werden, kann es nicht sein, die hat er soeben hingegeben für dieses eine einmal noch.

Zidanes Marseillaise

Da musst du erst einmal rauskommen. Aus La Bigotte, Paternelle, Savine, Solidarité, Bricarde. Oder aus La Castellane. Schöne Namen für die Satellitenstädte von Marseille, die sich von Norden aus wie ein hässliches Hufeisen langgezogener Betonbauten um den Nacken der Stadt legen. Ein Hufeisen biegst du von seinen Enden auf oder gar nicht, und diese hier laufen in ihrer Krümmung bis zum Meer hinunter, wo sie den Hafen eher umklammern als einrahmen. Hier wurde seit Jahrhunderten alles angelandet und umgeschlagen, was die Levante zu bieten hat, ihre legalen Importe und die Konterbande, die Tücher, Gewürze, Hölzer, das Elfenbein, all der romantische Plunder vergangener Jahrhunderte, die weiße und die schwarze Ware: Ware, der die Zollbanderole den ordentlichen, beschwerlichen und mählich ergiebigen Weg freigab auf die öffentlichen Märkte des Landes und die andere, die keine Banderole erhielt und ihren Markt überall fand, wo sich Händler raschen Reichtum und ein besseres Leben versprachen. Vor allem aber floß durch den Hafen von Marseille immer schon ein unversiegbarer Strom billiger Arbeitskräfte ins Land. An seiner Fluktuation lassen sich die regionalen Krisen in den Herkunftsländern ablesen, die kleineren Wirtschaftskrisen wie die großen Katastrophen des Krieges und der Zerstörung, die den polychromen Zufluss für kurze

Zeit einheitliche Farben verliehen: Die Dürren Spaniens im frühen 19. Jahrhundert vertrieben Katalanen und Andalusier in Massen, der Hunger Korsikas spülte Generationen nach Marseille, die Eroberungszüge der napoleonischen Armeen durch Norditalien ließen Legionen italienischer Landarbeiter, Handwerker und Kleinhändler nach Frankreich fluten. Die Diaspora nach dem blutigen Untergang des armenischen Volkes warf zu Beginn des 20. Jahrhunderts eine weitere Einwanderungswelle an Land, ganz zu schweigen von den Fluchten, welche die kolonialistischen Abenteuer der Grande Nation seit dem 19. Jahrhundert in Algerien, Marokko und Tunesien in Gang setzten, ganz zu schweigen von der ersten, zweiten und immer wieder nächsten Welle, die die Umbrüche im zaristischen, später bolschewistischen, noch später demokratischen Russland auslösten und die neben den exotischen, malerisch die Cote d'Azur der Zwischenkriegszeit bevölkernden adeligen Emigranten weniger Glückliche in den Werften, Speicherhallen, Warenlagern des Alten Hafens stranden ließ.

Auf hundert aus der unendlichen Masse kam vielleicht einer, der es schaffte, auf tausende, die geschichtslos auftauchten und verschwanden, ein Dutzend, dem es glückte, die millionenfach gesichtslos versickernde Hoffnung in ein gelungenes Menschenleben einzulösen statt sie, gescheitert und gebrochen, den Kindern und Kindeskindern weiterzugeben, einen wertlos gewordenen Pfandschein auf vergangene Arbeitskraft, unerfüllte Wünsche, vergeudete Kraft, verschwendete Jugend. Das Los des Migranten wird stärker von der Zeit beherrscht als jedes andere, weil sie sein

Schicksal unerbittlich aus dem linearen Ablauf reißt und neu staffelt, ohne auf die kontinuierliche Entwicklung vom Anfang zum Ende zu achten: Dem Beginn im Herkunftsland folgt kein natürlicher Ablauf zum seligen Schluss, der Riss geschieht immer zur Unzeit, selten ohne Gewalt, und was den Neubeginn im fremden Land betrifft, so entwickelt die Zeit erst dort ihre terroristische Kraft, wo sie aus dem Gleichschritt der Handlung herausgelöst wird: Am leichtesten und raschesten fällt noch die Ankunft, aber das Sicheinfinden, die Ordnung, die Organisation des Notwendigen frisst Zeit auf, die so rasch zu dem Lebensrest wird, der dir noch verbleibt, dass du es kaum bemerkst: Arbeit suchen, eine Wohnung finden, die Familie zusammenhalten, sich in eine Gemeinschaft eingliedern – in welche? In die der Migranten, in die der Daheimgebliebenen, in die am Arbeitsplatz, die in den meisten Fällen zerfällt in Hierarchien von Beherrschten und Beherrschern, die dir jeden Tag aufs Neue einbleuen, dass es für dich wahrscheinlich hier nie anders sein wird: Oben die Einheimischen, die dir sagen, was und wie es hier läuft, unten die Piednoirs, die das akzeptieren oder abhauen sollen. Abhauen, das weißt du, ist unmöglich, eine Rückkehr schon gar, und die Zeit, die vergeht, um zu erkennen, dass die anderen das auch wissen, bezeichnet den Übergang von der Hoffnung zur Resignation. Die unwahrscheinliche Aussicht auf den glücklichen Zufall, der die unsichtbare Barriere zwischen unten und oben durchbricht, beatmet eine grundsätzlich hoffnungslose Existenz, so wie eine Herz-Lungenmaschine die Funktion der wesentlichen Organe eines Komatösen aufrechterhält.

Smail und Malikha landeten zu Beginn der 60er Jahre in Marseille. Aus Algerien waren sie nach dem Unabhängigkeitskrieg vertrieben worden, wie die meisten aus dem Bergdorf Kabilia. Wahrscheinlich waren sie zum Schluss auf der falschen Seite gestanden. Dass sie bis dahin die richtige war, juckte Smail wenig. Er fragte nicht viel nach, als die Uniformierten kamen, sondern bündelte seine Habseligkeiten und machte sich auf den Weg. Es heißt, er habe sich nicht ein Mal umgedreht. Warum auch, soll er später, wenn er danach gefragt wurde, geantwortet haben: Ich wusste ja, dass ich nie wieder zurückkommen werde.

In Marseille fand Smail Zidane Arbeit im Lager eines Supermarktes und eine Wohnung in La Castellane. Im Lauf der Jahre kamen die Kinder, insgesamt fünf, der letzte Junge wurde 1972 geboren. Smail und Malikha tauften ihn Zinedine Yazid. Yaz oder Zizou riefen ihn die Spielkameraden, Zinedine die Lehrer. Spielen, das hieß in La Castellane in zweiter Linie Fußball. In erster Linie hieß es Überleben. In den Käfigen. Heute spielen die Kids darin Basketball, zu Zizous Zeit wurde auf dem Asphalt gekickt. Auf kleine Tore, zwei gegen zwei, selten mehr als fünf gegen fünf, zu mehr reicht der Platz nicht. Heute verkaufen clevere Konzerne wie Nike ihre Schuhe mit Werbespots, die das Spiel im Käfig beispielsweise im Laderaum eines verrotteten Öltankers nachstellen, von dessen Rampe eine Mischung aus Impresario und Zuhälter, gegeben von Eric Cantona, den besten Kickern der Welt die Kugel vor die Füße wirft und sich an ihren akrobatischen Kunststücken ergötzt. Die abgeschmackte Pointe dieser auf eine verkürzte Ästhetisierung der proletarischen Kraft des Fussballs ausgerichteten Spots liegt in der Abgebrühtheit, die spielenden Millionäre den schmutzigen Teil ihrer Herkunft imitieren zu lassen, den sie auf den gepflegten Rasenflächen der großen Stadien ebenso vergessen machen wollen wie in ihrem protzigen Lebensstil, in dem sie die Bubenträume vom großen Reichtum verwirklichen, denen sie im Käfig nachjagten. Seine Statussymbole, die Goldkettchen, schweren Motorräder und Autos, die schicken Klamotten kennen sie seit ihren Kindertagen, erlebten ihre Wirkung auf der anderen Seite des Käfigs, der nur zum Teil exterritoriale Zone jenes Raumes der Ausländerghettos war, den sich Dealer, Zuhälter, Hehler, Schutzgelderpresser, Spieler, Wettunternehmer, Schläger in Geschäftsreviere mit stets umkämpften, nie lange gültigen Grenzen aufteilten. Im Käfig spielen, bedeutete täglich angemacht zu werden, verhöhnt, bedeutete den Keilern zu widerstehen, die den Nachwuchs rekrutierten für ihr Geschäft, stets auf der Suche nach den künftigen Dealern, Schlägern oder Killern für die größeren Bosse, nach den Soldaten für die mächtigen Feldherren, die sich hier nie sehen ließen, die im Hintergrund die Fäden zogen und sich nur ab und zu auf der sonnigen Seite der Boulevards blicken ließen, ganz so wie die Präsidenten der großen Fußballklubs sich lieber bei internationalen Endspielen ins Bild pressen als bei kleinen Meisterschaftsbegegnungen. Im Käfig zu spielen bedeutete, täglich den Gifttopf vor Augen zu haben: Der erste Griff hinein ist frei, der zweite teurer als du es dir leisten kann und ab dem dritten machst du, was dir der Dealer aufträgt.

Zidane lernte schnell im Käfig, dass Fußball mehr bedeutet als die Verbindung zweier Punkte mit Hilfe eines Balles. Er lernte Umsicht, die nicht nur auf den Ball vor den eigenen Beinen und den entgegenkommenden Gegner achtet, sondern eine, die jede Bewegung im Rücken und außerhalb des Käfigs registriert. Er lernte schneller zu sprinten, ausdauernder zu dribbeln, härter zu tackeln, früher auszuweichen als seine Mitspieler. Er lief länger, bewegte sich besser, fiel weniger und schlug, wenn es sein musste, härter zu. Er lernte Aggressivität: Agiere, ehe du zu reagieren gezwungen bist. Geduld: Halte den Ball, bis deine Bewegung den Raum für den Pass öffnet. Antizipation: Das Entscheidende geschieht, noch ehe du den Ball hast – der Ball folgt dir, wohin du dich bewegst und nicht umgekehrt. Nebenbei lernte er, womit er später auf den großen Feldern die Welt in Erstaunen setzen sollte: Die Loslösung aus größter Bedrängnis, das Dribbling aus einem Haufen an gegnerischen Beinen heraus, den Pass in die Vorwärtsbewegung des Gegners, das blitzschnelle Verlagern des Spieles in die ungedeckten Flanken, also alles, was mit wenigen Spielern auf engem Raum schon schwer genug ist. Was Zidane nicht lernen musste, sondern mitbrachte, war ein Gottesgeschenk, mit dem er bis heute alle Zuseher verzaubert, jeden Gegner verblüfft: Der Bursche hat weder Stand- noch Spielbein, sondern eine beidbeinig unendlich fein entwickelte Balance, die ihm jede Drehung, jeden Haken, jede Pirouette, jede Körpertäuschung ansatzlos aus der Ruhestellung wie aus der Bewegung gestattet.

Vor allem aber lernte Zidane, so schnell wie möglich aus La Castellane herauszukommen. Mit 14 Jahren fiel er bei einem Jugendtrainingslager in Aix-en-Provence dem Talentescout von Cannes, Jean Varraud, auf. Der lud ihn auf sechs Wochen zum Probetraining ein, daraus wurden fast sechs Jahre. Mit 16 spielte Zidane in der Hauptmannschaft, mit 17 zum ersten Mal in der ersten Division, mit 19 erzielte er sein erstes Tor. Doch dann stockte sein steiler Aufstieg plötzlich, und Zidane bewegte sich instinktiv wieder richtig: Er wechselte 1992 zu Bordeaux, wo er zum kompletten Fußballer heranreifte. Als ihn Juventus 1996 nach Turin holte, stand der 24jährige bereits auf der Höhe seiner Kunst. Zwei Jahre später führte er Frankreich zum Weltmeistertitel.

Es war das Ende seines persönlichen Weges, nicht aber die Auflösung La Castellanes im Mythos einer im und vom Fußball repräsentierten multikulturellen Gesellschaft, die Frankreichs Presse nach dem Triumph so gerne herbeigeschrieben hätte: Einer Gesellschaft, in der die Zuwanderer und ihre Kinder die gleichen Rechte und Chancen hätten wie alle anderen auch. Es hätte zu gut gepasst, um wahr oder auch nur glaubhaft zu sein: Die Spieler der großen Mannschaft kamen von den Antillen und Gouadaloupe, waren Nachfahren zugewanderter Armenier, Basken, Kabylen und Kanaken, ganz zu schweigen von den Normannen und Bretonen, die den eingefleischten Zentralfranzosen ja auch nie ganz geheuer waren. Er hätte so gut gepasst, dieser Triumph des vielfärbigen Frankreichs, wie die großen Pariser Blätter schwärmten, über den stupiden Chauvinismus der Front National, die sich besonders im Süden und um Marseille stark gemacht und deren Führer Jean Marie Le Pen noch 1996 über Frankreichs Team gelästert hatte: »Da kann ja nichts daraus werden, einige Spieler können ja nicht einmal die Marseillaise.« »Ich werde nie die Marseillaise grölen, nur um einigen Leuten etwas zu beweisen«, hatte Zidane damals cool geantwortet. Und der schwarze Tormann Bernard Lama, geboren in Französisch-Guyana und erst mit 18 nach Frankreich gekommen: »Man hat meine Vorfahren nicht gefragt, ob sie dorthin auswandern wollen. Was kann ich dafür, dass ich in diesem Land geboren wurde.«

Das war der Ton der harten Burschen von der Banlieu, und die gewannen das Finale gegen ihre Kollegen aus den brasilianischen Favelas. Der Armenier Youri Djorkaeff aus einem Vorort von Lyon, der Schwarze Lilian Thuram aus der Pariser Vorstadt, der Kabyle Zinedine Zidane aus den Marseiller Slums: sie schrieben die Geschichte dieses Triumphes, ihre Zielstrebigkeit, Härte, Kampfkraft begründete eine Fußballdynastie, die Frankreich zwei Jahre später den EM-Titel bescherte und die, abgesehen vom unglückseligen Interregnum bei der WM 2002, bis zur EM 2004 wirkte. An der Verachtung der Banlieu, an der Furcht der Zentralen vor der Gestaltungsmacht der Peripherien hat das naturgemäß überhaupt nichts geändert. Nur kurz, in den überschwänglichen Feiern jener zwei großen Triumphe, schienen die Vorstädte über all ihre Begrenzungen hinaus in die Mitte der französischen Gesellschaft zu wachsen und von ihr freudig und stolz aufgenommen zu werden, eine lange vernachlässigte Kehrseite tauchte plötzlich ins Licht vorübergehend aufleuchtender souveräner Toleranz. »Zidane Presidente« lauteten die Graffiti auf den Mauern der Innenstädte, und einen Moment lang fand sich das zweifelnde Frankreich in seiner historischen Stärke wieder, die stets der Glaube an die Machbarkeit großer Utopien war – hier eben der, dass die friedliche Vermischung zweier getrennter Universen möglich sei. Heute sind die Vorstädte verrotteter denn je, die Armut ist größer und die Arbeitslosigkeit höher, die Drogen sind härter geworden und zu den Werbern des schnellen Geldes gesellen sich die Langbärte, die in den muslimischen Vierteln vom Seelenheil im heiligen Krieg faseln.

Manchmal kehrt Zinedine Yazid Zidane, genannt Yaz oder Zizou, der es geschafft hat, rauszukommen, auch beruflich nach Marseille zurück. In die Stadt, mit der er gleichgesetzt wird und für deren Klub er nie gespielt hat, weil sie dort einfach immer zu langsam gewesen sind für das Bewegungswunder. Dann zeigen sie ihm noch einmal, wie's hier immer gespielt wurde, wie's hier immer gespielt wird: Als Zidane im November 2003 mit Real Madrid bei Olympique Marseille zu Gast war, pfiffen ihn 60.000 Landsleute gnadenlos aus, reckten ihm den Mittelfinger entgegen, als er auflief, buhten bei jeder seiner Ballberührungen und ließen es erst gut sein, als er nach 88 Minuten mit einer schweren Knöchelverletzung vom Platz humpelte, die ihm ein Landsmann bereits nach 30 Minuten zugefügt hatte. Es wäre nicht Zidane, hätte er nicht ausgehalten und den anderen gezeigt, was es heisst, einer von ihnen geblieben zu sein – auch wenn sie ihn auf der falschen Seite wähnen. Den Applaus, den ihm die Marseiller nach der Abreibung zögerlich zollten, nahm er stoisch zur Kenntnis: Er werde immer ein Anhänger von Olympique bleiben, meinte er danach, und dass Real den Verein praktisch aus der Champions League geschossen habe, täte ihm am meisten leid. Sprach's und fuhr nach La Castellane hinauf, wo seine Eltern noch immer leben und wo er einen Fußballklub namens Nouvelle Vague finanziert. Sein Bruder Farid führt die Klubgeschäfte: Da musst du erst mal rauskommen. Aus La Bigotte, Paternelle, Savine, Solidarité, Bricarde. Oder aus La Castellane.

Spice boy im Theater der Träume

»Er ist und bleibt eine Schwuchtel«, behauptet Ben, den Blick nicht vom Breitbandfernseher wendend. »Ist er nicht«, sage ich automatisch. Wir sitzen in einem Pub in der Nähe des Trafalgar Squares, das trotz seiner Lage im lärmenden Zentrum der großen Tourismusfalle London ein vergnügtes Refugium britischer Trinker geblieben ist: Von draußen dringt gedämpft der Verkehrslärm herein, herinnen gehen die Wogen von Ale, Bitter, Porter und Whiskey hoch, es wird geraucht, als ob es kein Morgen gäbe und der Preis für Zigaretten von dieser tabaktemperenzlerischen Regierung nicht in schneeumstöberte Höhen getrieben worden wäre. Am Bildschirm windet sich ein blonder Fußballer mit lächerlicher Pferdeschwänzchenfrisur auf dem Boden, das Spiel heißt Real Madrid gegen Marseille, und von den rund 40 Zusehern erläutert die Hälfte David Beckhams sexuelle Vorlieben, während sich die andere über die Sangeskünste seiner Ehefrau ausläßt.

»Er trägt ihre Unterwäsche«, sagt Ben. Beckham steht wieder und humpelt zur Seitenoutlinie, um sich weiter behandeln zu lassen. »Behauptet sein Agent«, erwidere ich. – »Er ist zu schön zum Fußballspielen, hat Maradona gesagt.« – »Ben, du hast doch spätestens nach dem Falklandkrieg aufgehört, Argentinier als ernstzunehmende Teilnehmer an der westlichen Zivilisation zu betrachten.« Ben schweigt beleidigt, denn was er damals im Jubel seiner Landsleute über die pompöse Flottensternfahrt Maggy Thatchers zur Zoologie ihrer Familie und das Zustandekommen der darin vorkommenden vertikalen Verwandtschaftsverhältnisse zu sagen wusste, hätte dem abgebrühtesten Maat der Seestreitkräfte Ihrer Majestät die Schamesröte ins Gesicht getrieben. Wenn er es verstanden hätte. Als vorbildlicher britischer Sportsman nimmt Ben das Foul mit steifer Oberlippe zur Kenntnis, an der vor allem die Bereitschaft zur Revanche bei der ersten sich bietenden Gelegenheit ablesbar ist.

Das Treiben auf dem Spielfeld besteht im Augenblick vor allem in einem wilden Hintreten der Marseille-Spieler auf alles, was ein weißes Trikot trägt. Zinedine Zidane haben sie bereits abmontiert, nach 15 Minuten trabt er nur noch im Mittelfeld auf und ab, sichtlich bemüht, noch schwerere Verletzungen zu vermeiden. Reals brasilianischer Verteidiger Roberto Carlos ist vorwiegend und vergeblich damit beschäftigt, sich an der Brust des Linienrichters auszuweinen, vorne irrt Raul auf der Suche nach brauchbaren Bällen umher und wird, so sich einer in seine Nähe verläuft, prophylaktisch gehalten, niedergedrückt, an Leibchen, Hose, Armen und Haaren zu Boden gezerrt und, falls er nicht schnell genug wieder auf die Beine kommt, in den Rasen getrampelt. Etwas ähnliches dürften die Real-Trainer nach dem überlegenen Sieg ihres Teams im Hinspiel geahnt haben und boten daher den verletzungsanfälligsten ihrer Stars, Ronaldo, gar nicht erst auf. Im Hagel der Schläge, die Marseille austeilt, ist Real bemüht, das Ergebnis des ersten

Spiels ohne gröbere Schäden zu verwalten, und so spielt die Mannschaft auch wie eine Gruppe aufgeschreckter Buchhalter, die sich einer überraschenden Prüfung der Finanzbehörde durch Aktenverschleppung zu entziehen sucht. Luis Figo hat sich in die Mitte des rechten Flügels verkrochen und fleht nahezu mit jeder Körperbewegung, nicht angespielt zu werden, seine Miene drückt in jeder Großaufnahme für alle sichtbar aus, was die gesamte Mannschaft denkt. In dieser als Fußball verkleideten Flucht Reals hält einzig Beckham auf seinem Posten aus, ein wütend kämpfender, von seiner Truppe vergessener Soldat des Spiels, der sich in die Attacken der Gegner wirft, der läuft und grätscht und rutscht, als könnte er allein den über Real hinwegfegenden Wirbel von flinkeren Beinen, kräftigeren Armen, geschickteren Füßen zumindest so lange anhalten, bis sich die Weißen wieder gesammelt haben.

»So spielt keine Schwuchtel«, sage ich zu Ben. »Und wenn, möchte ich ihr nicht in die Quere kommen, wenn sie in Laune ist. Gesetzt den Fall, ich wäre ein praktizierender Homosexueller.« – »Gesetzt den Fall, du bist ein nichtpraktizierender.« Ben genießt erst einmal sein Ausgleichsfoul, zu dem er schneller als erhofft gekommen ist. Dass er sich mit dieser Anspielung bei mir bedanken kann, versüßt seinen Triumph unsäglich, denn, so sagen unsere Regeln: Wer dem anderen während eines Fußballspiels einen Bezug zu Werken der Literatur, bildenden Kunst oder Philosophie ermöglicht, der sich auch nur entfernt auf Sinn und Gehalt des Spiels zurück führen lässt, zahlt eine Runde Porter plus Schottischem. Erkennt er weder Werk noch Zitat, deren zwei. »Wilbur Larch in John Irvings ›The Ciderhouse Rules‹« sage ich beleidigt, um mir wenigstens eine Runde zu sparen. »Gesetzt den Fall, du bist ein nichtpraktizierender Homosexueller wie unser Freund Wilbur«, fährt Ben merklich fröhlicher fort, »was hättest du für dein Protegé anzuführen, außer dass er einen fantastischen rechten Haxen hat?«

»Euer Ehren, mein Mandant wird von der Gegenseite aus undurchsichtigen Gründen in seiner Integrität verletzt und aufgrund einer Anklage vor Gericht gezerrt, die auf Vorwürfen basiert, deren sich mein Mandant nicht schuldig gemacht hat und die, hätten sie in eine Straftat gemündet, hier vor diesem Hohen Fußballgericht gar nicht verhandelt werden könnten, weil sie nicht in seine Zuständigkeit fallen. Dass mein Mandant mit einer Schlagersängerin verheiratet ist und Gerüchten zufolge eine Vorliebe für ihre Unterwäsche hat, hat nichts mit seinen Leistungen auf dem Spielfeld zu tun« – »Einspruch, Euer Ehren! Das tut es sehr wohl, und wir werden beweisen, das zwischen dem einen und dem anderen ein eindeutiger Kausalzusammenhang besteht.« Ben lacht: »Und weißt du, was? In ganz Großbritannien fände sich kein Richter, der diese Beweisführung nicht zuließe.« – »Davon bin ich überzeugt. Genau so habt ihr's ja auch mit Oscar Wilde gemacht.« Ben macht schon eine bestellende Bewegung zum Kellner, lässt es dann aber bleiben. Auf dem Bildschirm legt sich Beckham gerade den Ball zum Freistoß zurecht, Distanz etwa 24 Meter. »Fünf Pfund, dass es klingelt?« »Gilt.« 30 Sekunden später hat Ben einen Fünfer aus seiner Brieftasche gekramt und auf die

Theke geknallt, während der französische Tormann resigniert den Ball aus dem Netz klaubt und in Richtung Mittelauflage drischt.

»Eben das ist der Unterschied« sage ich. »Er hängt jeden zweiten Freistoß rein, niemand auf der Welt hat eine Trefferquote von 50 Prozent. Du kennst die Statistik. Und das hat nichts mit Begabung zu tun, das ist harte Arbeit.« Ben denkt einen Augenblick nach, ehe er wieder ausholt: »Er hat uns die Weltmeisterschaft 98 vergeigt. Ausgerechnet gegen Argentinien.«- »Herrgott, Ben, er hat euch überhaupt erst dorthin gebracht, er war erst 23 und Simeone hat ihn solange gequält, bis er ihm eine gescheuert hat. Zehn Helden und ein Idiot, hat die Sun damals getitelt, die Metzger haben Sauschädel mit seinem Namen in die Auslagen gestellt, auf den Straßen wurden Strohpuppen mit seinem Trikot verbrannt: Glaubst du nicht, dass der britische Sportgeist da ein wenig übertrieben hat?«

»Hat er nicht«, beteuert Ben. »Und ich werde es dir erklären. Beckham kommt nicht von irgendwo. Er ist nicht irgendwo groß geworden, sondern bei Manchester United. ManU. Weißt du, was das bedeutet? Das bedeutet Old Trafford, das bedeutet jede Woche im theatre of dreams aufzutreten, das heißt, Teil eines Mythos zu sein.« Ben schluckt gerührt, Pathos ist nicht sein Ding, Klischees sind es auch nicht, und hier hat er beides und noch ein bisschen mehr. Das will erst zerbissen, geschluckt und verdaut sein. »Es gibt allerdings Unaussprechliches. Dies zeigt sich, es ist das Mystische«, versuche ich ihm zu helfen. Ben deutet dem Kellner zwei, ich erkenne meinen Fehler: Wittgenstein ist seine Domäne, da duldet er keinen Dilettantismus. »Mythos hat mit dem Mystischen, wie es Wittgenstein gemeint hat, gar nichts zu tun. Der alte Ludwig hat sich zu spät der Mystik zugewandt, und zwar in Cambridge, das, wie du weißt« – Ben nimmt genüßlich einen Schluck – »und es ist kein Zufall: das nicht weit von Manchester entfernt ist.« Ben rückt jetzt die Brille zurecht, ganz Literaturprofessor, der er im Zivilleben tatsächlich ist, und ich sitze ungewollt im Rigorosum. »Was bezeichnet der Mythos im Sport, besonders im Mannschaftssport, besonders im Fußball?« Ben übersieht mein hilfloses Schulterzucken. »Der Mythos bezeichnet Tugenden, im Fußball eben nationale Tugenden. Darin erblicken wir uns, das macht die Sache transzendent, so wollen wir uns sehen, so erkennen wir uns: Grace under pressure, das sind wir Briten, und das lebt Manchester United wie keine andere Mannschaft der Insel. Der Schweinskopf und die Strohpuppen sind die hässliche Seite dieser Medaille. Der Erkenntnismedaille, wohl gemerkt.« – »Ben, Manchester war so etwas von weg vom Fenster in den 80ern, dass Nick Hornby geschrieben hat: Den Namen Manchester oben in der Tabelle zu sehen, hat etwas Seltsames. So wie der Anblick eines Hauses ohne Dach.« – »Hornby versteht mehr von Musik als von Fußball. Und er ist Arsenal, das bedeutet, er hat keine Ahnung von ManU. Darf und kann er gar nicht.«

Ben holt gelassen aus, mir den Mythos ManU zu erklären. »Wohin du heute blickst, es wimmelt nur so von Stars. Von Ikonen. Von Idolen. Sogar der Fernsehkoch ist heute ein Star. Zu meiner Zeit war das ein gescheiterter Alkoholiker, der in keinem Pub mehr einen Job bekam und den sein Cousin beim Sender untergebracht hatte. Und der nach seiner Sendung verkleidet nach Hause schlich, um auf der Straße nicht erkannt und ausgelacht zu werden. Dafür waren unsere Schulen in Ordnung, die Vororte erstickten nicht im Dreck und die Gewerkschaften verteilten richtige, altmodische Arbeit, statt die Arbeitslosigkeit zu verwalten. Heute stolperst du in jeder Straße meines Viertels über Zugedröhnte aller Altersstufen, die seit Jahren keine Arbeit mehr haben. Der Müll bleibt liegen, Wasser und Strom werden nach Belieben an- und abgedreht und in den Schulen sieht es immer aus, als ob sie gerade eine Schweineherde durchgetrieben hätten.« Ben winkt energisch ab, als ich einen Einwand anbringen will. »Ich weiß, was du sagen willst und ich antworte dir: Nein, das hat mit Fußball direkt nichts zu tun. Aber sehr wohl damit, wie die Menschen hier Fußball empfinden, was er für sie bedeutet und was seine Spieler ihnen bedeuten.«

Er nimmt einen Schluck, sieht einen Moment auf den Schirm und fährt fort: »Der Norden ist kaputt. Der Mittelstand ist kaputt, Thatcher hat den Gewerkschaften den Hals gebrochen und Blair hat die übrig gebliebenen Reste weggeräumt. Manchester, Liverpool, Newcastle, Middlesborough – kaputte Städte, verlassene Häfen, abgeblasene Hochöfen, geschlossene Kohlegruben, verfallene Webereien. Daneben neuer Reichtum, schnelles Geld, neue Märkte, London mit seinen Preisen, die sich nicht mal die Queen leisten könnte, wenn sie selber zahlen müsste: Das alles ist den Leuten zu viel, es ist ihnen zu schnell gegangen, ihre Verarmung und der Reichtum der Nachbarn oder ihrer Kinder.« – »Was hat das mit Beckham und ManU zu tun?« – »Gleich, ich komme gleich dazu. Du musst dir eines vor Augen halten, was ihr am Festland gern vergesst: Es hat in diesem Jahrhundert nicht nur den amerikanischen Traum gegeben, das Versprechen von Wohlstand und Glückseligkeit für alle, die sich redlich mühen. Das gab es auch für uns, und zwar hier im eigenen Land, trotz des Kasten- und Klassendenkens, die eben Kennzeichen einer traditionell konservativen Gesellschaft sind. Nach dem Zweiten Weltkrieg und dem Verlust der Kolonien schien das Schlimmste überstanden, die Zukunft des Commonwealth tatsächlich reich und rosig für alle: Mein Vater war bis zuletzt stolzer Malocher auf den Londoner Docks, sein Geld und die Stipendien reichten immerhin für eine solide Ausbildung seiner Kinder. Was dann kam, muss ich dir ja nicht erzählen. Bei ihm war's Mitte der 70er Jahre soweit. Die Werften verschwanden, in die Docklands zogen erst die Immobilienhändler, dann die Yuppies, die Börsenheinis und mittlerweile die dritte Generation der E-marketeers ein. Mein Alter könnte sich heute dort nicht einmal mehr ein Bier kaufen, und Stipendien gibt's kaum mehr.« Beckham trabt mit seinen Kumpeln soeben in die Kabine, Pause.

»Also«, sagt Ben: »Um den britischen, amerikanischen, um irgendwelchen Traum vom besseren Leben sind letztlich alle ein bischen beschissen worden. Aber, macht nichts: Steife Oberlippe, keine Klagen, kein Protest, grace under pressure.« – »Und die Streiks, die monatelangen Ausstände in den 80ern?« – »Das war ein Krieg, in den man sehenden

Auges und im Wissen ging, ihn nicht gewinnen zu können. Eine Schlacht um die eigene Würde – auch die verloren. Wir haben also einerseits: Rasende Veränderung, wachsende Verarmung, zerrüttete Identität, individuelle Demütigung, kollektives Versagen. Auf der anderen Seite: Den Wunsch nach Stabilität oder zumindest, das Geschehen ringsum zu begreifen. Und hier kommt der Verein ins Spiel. Irgendeiner, ich nehme eben ManU, weil er so typisch ist: In der Wahrnehmung dieser Menschen ist United immer ein Hort der Sicherheit, der geregelten Verhältnisse, der Verlässlichkeit gewesen. Jetzt ist es der letzte geworden, daher erinnern sie sich an das Vergangene, machen es größer, prächtiger, halten an den alten Geschichten fest, schmücken sie aus und projizieren sie überlappend auf das aktuelle Erscheinungsbild, das so in zwei zerfällt: Das ManU, wie es ist und das, wie sie es wollen, träumen, wünschen, erinnern.« – »Und an der Trennlinie zwischen beiden steht David Beckham?« – »Andersherum«, meint Ben. »An der Trennlinie steht die Idee der Vereinigung: United. Das Team ist der Star, kein Spieler ist wichtiger als die Mannschaft. Schau: Als 1958 das Flugzeug mit der damaligen ManU-Truppe in München vom Himmel fiel, starben sieben Spieler der vermutlich besten Mannschaft der Welt. Duncan Edwards war einer von ihnen, und seine letzten Worte waren: Um wieviel Uhr ist am Samstag Anstoß gegen die Wolves? Ich darf das Spiel nicht verpassen. Das ist die Seele von ManU, der Roten Armee, der einzigen übrigens, die je Englands Boden betreten hat.« – »Ben, das stimmt doch vorn und hinten nicht mehr zusammen. Du behauptest, der Mythos des

Vereins besteht in einem, sagen wir, proletarischen Selbstbewusstsein, im Stolz auf seine Fähigkeiten, im Bewusstsein, dass sie von der Gesellschaft geschätzt werden und im Aufgehobensein in einem sicheren Arbeitsverband: Im Old Trafford verkaufen sie den billigsten Sitz um 30 Euro und haben 5000 Nobelplätze um 300 Euro pro Stück eingebaut. ManU ist doch längst keine Haltung mehr, sondern eine Marke, die 1991 an die Börse gebracht wurde und die letztes Jahr 50 Millionen Euro Gewinn erzielt hat. Beckham war ein Guthaben der Firma, das mit dem Verkauf an Real flüssig gemacht wurde. Und du erzählst mir Geschichten aus dem 19.Jahrhundert.«

»Aber nein, das ist doch bloß ein Beispiel, wie weit wir herabgekommen sind, nicht nur in England, nicht nur in Manchester: 67.000 Zuseher bei jedem Spiel im Stadion, davon können sich zwei Drittel die 30 Euro kaum leisten, während 5000 das zehn- und hundertfache verprassen.« – »Und Beckham hassen sie, weil er sich verkaufen ließ?« – »Nein, sie verachten und beneiden ihn gleichzeitig. Weil er ganz an der Spitze der 5000 steht, weil er der Masse entkommen ist, die sie sind und sich alles kaufen kann, was ihnen die 5000 vor die Nase halten, die sie unter der Woche ausbeuten und die sie, wenn auch streng getrennt, am Wochenende im Stadion treffen. Beckham hat es als einziger aus ihrem Sektor geschafft, und dafür hassen sie ihn: Für seine Autos, Schlösser, Häuser, seine Weiber, für diese Piepse an seiner Seite, die Ego-Trips und den ganzen glitzernden Millionenschrott, den sie sich nie werden leisten können. Sie hassen ihn, weil er sie verraten hat und bewundern die Schamlosigkeit, mit der er es zeigt und ihnen so bedeutet, wie gleichgültig ihm das ist. Verglichen mit den 35 Millionen, die er letztes Jahr eingenommen hat.«

Das Spiel hat längst wieder begonnen, Marseille ackert weiter, Beckham rackert ohne Rücksicht auf seine Gesundheit und denkt bestimmt nicht an seine Millionen, Autos, Villen, Klamotten.

»Ich werde dir eine andere Geschichte erzählen«, sage ich zu Ben. »Die handelt von einem kleinen Jungen in einer großen Stadt, der früh von zu Hause weg mußte und in die Hände eines skrupellosen Gauners und seiner Bande geriet.« – »Oliver Twist?« – Diesmal gebe ich dem Kellner das Zeichen. »So ähnlich. Es ist auf jeden Fall eine Geschichte über Kindesmissbrauch. Dieser Junge lebt also im Norden Londons, weit weg von dem Ort, den er sich jede Nacht erträumt. Old Trafford und ManU sind blöderweise 330 Kilometer entfernt, aber in einen der Londoner Klubs will der Bub nicht. Er träumt von Manchester, wenn er für seinen Vorstadtklub Tore schiesst, von Old Trafford, wenn er Freistöße übt, bis es dunkel ist, vom roten Trikot, wenn er abends seine dreckigen Fetzen wäscht und zusammenlegt. Wenn er nicht auf dem Platz steht, sammelt er auf der Hunderennbahn Gläser ein und behält das Pfandgeld. Als er acht ist, schießt er hundert Tore für seinen Klub, doch erst mit 16 schafft er es tatsächlich in die Jugendmannschaft von ManU. Dort regiert ein Schotte namens Alex Ferguson, der genau die Tugenden verkörpert, die du Manchester zugeschrieben hast« – »Logisch. Daher der Erfolg.« – »Warte. Ferguson wäre in deiner Geschichte ein

Gescheiterter. Aufgewachsen in den Docks von Glasgow, harte Kindheit, wenig Chancen im Modernisierungswettlauf, als Spieler eine Null, aus Not Trainer geworden. Für Ferguson ist Fußball Krieg, und als er Manchester 1977 übernimmt, ist der Verein so weit unten, dass er das Risiko, einen weiteren Narren an die Spitze zu stellen, gelassen auf sich nimmt. Aber Ferguson ist kein Narr, er ist Sanierer und Feldherr zugleich, der eine Vision hat: Aus der mittelmäßigen Mannschaft einer herunter gekommenen Stadt wieder den besten Klub des Landes, womöglich der Welt zu machen. Dazu ist ihm jedes Mittel recht, und im jungen Beckham sieht er das Werkzeug zur Realisierung seines Traumes. Er programmiert ihn wie einen Roboter: Flanken mit rechts, links, Freistöße, ruhende Bälle, immer und immer wieder. Was dem Burschen an Genie fehlt, macht er mit Arbeit wett. Er lebt im Nachwuchsinternat des Vereins, er kennt nichts als das Fußballfeld, den Ball und die Namen seiner Mitspieler. Jeden Abend ruft Ferguson an und überprüft, ob Beckham auch brav im Bett liegt. Um Beckham herum will Ferguson eine Truppe aufbauen, mit der er die Welt erobern wird: Die Wiedergeburt der Roten Armee. Darin hat Beckham eine zentrale Rolle, aber eben nur eine – hierarchisch darf er in den Augen Fergusons nie mehr sein als einer seiner elf Arbeiter. Der Junge funktioniert, gehorcht, muckt nicht auf, bleibt abseits des Feldes schüchtern und scheu. Auf dem Feld aber wird das Entlein zum Schwan: Mit 20 sein erstes Tor in der Kampfmannschaft, aus 45 Metern gegen Wimbledon. Über Nacht hat England einen Star, und genau hier beginnt das Zerwürfnis mit

Ferguson. Je höher Beckham aufsteigt, je deutlicher er sich in Erscheinung und Auftreten außerhalb des Feldes von den restlichen roten Soldaten abzuheben beginnt, umso wütender wird Ferguson. Klar, sie gewinnen gemeinsam alles, was Ferguson je erträumt hat, aber instinktsicher wie bei seinen Pässen setzt Beckham den Hebel für die Loslösung vom dominanten Trainer dort an, wo es den am meisten schmerzt: Beckhams hemmungslose Selbstinszenierung als einziger Popstar des Fußballs, der Medienhype, den seine Manager um ihn und sein spice girl veranstalten, macht Ferguson rasend, weil es nicht nur sein sportliches, sondern vor allem sein Lebenskonzept widerlegt. Dass Beckham in allen Klatschspalten steht, zugleich aber besser denn je spielt, stellt Fergusons Weltbild vollends auf den Kopf. Als er mit seinem Tor gegen Griechenland Englands Nationalmannschaft in letzter Minute zur WM nach Japan schießt, schickt Blair ein Dankestelegramm. Ferguson setzt ihn bei ManU auf die Ersatzbank. Als Beckham zum ersten Mal in neun Jahren einen Tag trainingsfrei nimmt, weil sein Baby erkrankt ist, schickt ihn Ferguson mit der Bemerkung auf die Tribüne, er sei seinem Klub verantwortlich, nicht seinem Sohn. Unnötig zu sagen, dass ihm Ferguson selbst zuvor freigegeben hat. Und als er schließlich einer Kabinenpredigt widerspricht, schleudert ihm Feguson einen Fußballschuh ins Gesicht. Dass Beckham liebend gern zu Real wechselt, ist klar. Und weißt du, was das schönste an meiner Geschichte ist? Dort hat er sofort eingeschlagen, während ManU heuer Meisterschaft, Cup und Europacup vergeigen wird.«

Das Spiel ist mittlerweile zu Ende, Real ist aufgestiegen, Beckham noch am Leben. Ben mustert mich mit einem Blick, dem es fast gelingt, verächtlich zu wirken. »Du hast keine Ahnung von Fußball.« – »Stimmt. Aber darum ging es hier ja nicht.« – »Stimmt. Noch ein Bier?« – »Ein letztes, für den Weg. Und einen Schotten.« – »Was sonst...«

Auf der Suche nach dem rechten Schuh

(Beitrag zum Symposion: Was bleibt von
Europa. Klagenfurt, im Herbst 2003)

An einem warmen Sommerabend des Jahres 1976 trat der Fußballspieler Antonin Panenka aus Prag zu einem Elfmeter gegen den Münchner Torhüter Sepp Maier an. Er tat das als Spieler der tschechoslowakischen Nationalmannschaft, die sich im Europameisterschafts-Endspiel gegen die deutsche befand, und er tat es in Belgrad, das damals die Hauptstadt der Sozialistischen Föderativen Republik Jugoslawien war. Im Stadion, das extra für die EM ausgebaut worden war, spielten später Vereine mit dem Namen Roter Stern und Partizan.

Panenka, den sie daheim in Prag »Tonda« nannten, legte als letzter Spieler den Ball auf den weißen Kreidepunkt. Das Spiel zuvor hatte unentschieden geendet, also musste dieses Wettschießen entscheiden, welche Mannschaft den Titel gewinnt. Panenka lief kurz an, verzögerte, blickte auf, sah, dass sich der deutsche Torhüter bereits übereifrig zum Sprung in jenes Eck anschickte, in dem er den Ball erwartete, lupfte den Ball ganz leicht an und am eifrigen Torhüterkörper vorbei ins Netz. Augenzeugen berichten, Panenka habe ein wenig geschmunzelt, als der Ball in einer so lockeren Parabel ins Tor flog, dass er es sozusagen mit letzter Kraft erreichte. Es war der frechste Elfmeterstoß aller Zeiten, der nebenbei, quasi als Abfallprodukt des schwejkischen Talents Panenkas, späteren Fußballgenerationen die Technik der Verzögerung kurz vor dem Schuss schenkte, eine Technik, die der internationale Fußballverband für Elfmeter übrigens jüngst verboten hat, weil sie die Chance auf eine erfolgreiche Intervention des Torwartes gegen Null reduziert.

Panenka und Prag waren also Europameister, denn kurz vor seinem Elfer hatte der deutsche Spieler Ulrich Hoeneß, der damals noch nicht Geschäftsführer eines internationalen Konzerns mit angeschlossenem Wettspielbetrieb namens Bayern München, sondern ein flinker Flügelstürmer aus Schwaben war, seinen Strafstoß mit solcher Kraft über das Tor und in den Belgrader Nachthimmel gejagt, dass der Ball der Legende zufolge einen Platz im Gefüge des Sternbildes Orion bekommen haben soll.

Wir merken, wohin die Geschichte Europas geht oder zumindest hätte gehen können. Sie wird so nicht erinnert werden und wenn, dann höchstens als Subtext der eigentlichen Geschichte, der Geschichte vom rechten Schuh Antonin Panenkas, und die beginnt viel früher und geht so:

Im Herbst 1920 beschlossen die deutschen Schusterbuben Adolf und Rudolf Dassler, sich auf die Herstellung maßgeschneiderter Sportschuhe zu verlegen und richteten ihre Werkstatt in Herzogenaurach darauf ein, den Bedarf einer immer rascher sich bewegenden Sportlerklientel zu befriedigen. Das Geschäft entwickelte sich, und bald fertigten mehr als 100 Mitarbeiter Laufschuhe mit spitzen Sprintnägeln, Fußballschuhe mit eisernen oder ledernen Stollen, Schuhe für das athletische Fortkommen jeder Art.

Im Jahr 1936 lief und sprang der Neger Jesse Owens, so nannte man afro-amerikanische Menschen damals, bei den Olympischen Spielen in Berlin mit dem Schuhwerk der Gebrüder Dassler an den Füßen schneller und weiter als alle seine weißen Sportkameraden. Der Österreicher Adolf Hitler, den man damals Führer nannte, weigerte sich, dem schwarzen Athleten Owens die Siegesmedaillen zu überreichen.

Drei Jahre später schlitterte die Schuhfabrik der Brüder Dassler in eine ernste Krise, die Nachfrage an Sportschuhen ging stark zurück und kam schließlich völlig zum Erliegen. Im Jahr 1948 traf Adolf Dassler drei richtungsweisende Entscheidungen: Er zerstritt sich mit seinem Bruder, änderte seinen Vornamen aus einsichtigen Gründen von Adolf auf Adi, denn seine Produkte sollten fortan den patentrechtlich geschützten Namen *adidas* tragen, eine Silbenkombination aus seinem Vor- und Nachnamen. Man vergleiche, wie hörbar eingängiger, ja sozusagen transeuropäischer und internationaler das klingt als beispielsweise adodas oder adolf-das. Sein Bruder Rudolf taufte sich nicht in Rudi um, nannte die Sportschuhfirma, die er ebenfalls gründete, daher auch nicht rudidas, sondern Puma, und sagte seinem Bruder in Ermangelung anderer Gegner den Krieg auf dem Gebiet der Sportschuhproduktion an.

Der Olympiasieger von Berlin, Jesse Owens, lief zur selben Zeit übrigens noch immer Rennen in den USA, wahrscheinlich noch in den alten Sprintstiefeln der Brüder Dassler. Er lief bei Kirchtagen und Dorffesten gegen Pferde oder den lokalen Windhund-Champion, weil seine weißen Mitbürger dem schwarzen Athleten ein anderes Auskommen verweigerten, und etwas anderes als schnell laufen hatte Owens nicht gelernt.

In der Zwischenzeit wurde Europa wieder aufgebaut, zumindest sein westlich gelegener Teil. Die Geschäfte der Brüder Dassler florierten besser als je zuvor, und im Jahr 1954 begab sich die Gründung der Bundesrepublik Deutschland im Wankdorfstadion zu Bern. Wieder war Fußball, diesmal die Weltmeisterschaft, und die deutsche Mannschaft gewann das Endspiel gegen die ungarische, was seither als Wunder gefeiert oder beklagt wird. Jedenfalls erhob sich das neue Deutschland endgültig aus dem Kriegsschutt, und siehe, es war eine Bundesrepublik und auf seiner unbefleckten Fahne wehte der Spruch des Trainers der Auswahlmannschaft, Sepp Herberger: »Elf Freunde müsst ihr sein!« Damit meinte Herberger nicht die Gründungsmitglieder der späteren Montanunion, sondern seine Männer auf dem Spielfeld. Ungarn dagegen verschwand hinter dem eisernen Vorhang.

In Wahrheit hatte Adolf Dassler Deutschland neugegründet, brachte er Herbergers Buben doch eigenhändig einen neu entwickelten Schuh ins Stadion, bei dem die Stollen ausgewechselt werden konnten. Die Deutschen setzten in der Pause längere ein, um auf dem nassen Geläuf besseren Halt zu haben. Der Rest ist bekannt.

Der eiserne Vorhang hatte übrigens für Adolf Dassler keine Bedeutung, sein Unternehmen belieferte die Anhänger der Guten im Kalten Krieg ebenso wie die der Bösen. adidas schnürte dem Sozialismus auf dem Spielfeld den

Schuh, der den Kapitalismus vors Schienbein trat, und Dassler tat das nach seinem patriotischen Ausrutscher in Bern mit derselben Beiläufigkeit, mit der er zuerst den europäischen Markt mit Sportschuhen, Textilien, Geräten aller Art überschwemmte und später die ganze Welt. Je deutlicher adidas Europas Einigung im Zeichen der drei Streifen betrieb, desto peripherer wurden die Signale, die sich zu Geschichten wie der vom rechten Schuh Antonin Panenkas zusammenfügen lassen. Adolf Dassler erlebte noch den Triumph der Menschwerdung des deutschen Fußballs im Sieg bei der Fußballweltmeisterschaft 1974, seine missglückte Apotheose zwei Jahre später in Belgrad jedoch nur kurz: Dassler starb 1978 und mit ihm auch in seinem Betrieb eine der letzten Formen patriarchal strukturierten Gründerzeitkapitalismus des 19. Jahrhunderts.

Im bezeichnenden Jahr 1989 war Nachkriegseuropa auch für adidas verbraucht, das Unternehmen wurde in eine Aktiengesellschaft umgewandelt. Heute beschäftigt die adidas-Gruppe rund 15.000 Mitarbeiter. Neben 100 Tochterfirmen hat adidas 11 eigene Produktionsstandorte in Deutschland, Frankreich, Italien, USA und China sowie ein Zuliefernetzwerk, das sich aus 570 Betrieben in Asien, Amerika und Europa zusammensetzt. Die Vorwürfe, die gegen die adidas-AG erhoben werden, sind sozusagen globale: Verschiedene Formen der Zwangsarbeit, Kinderarbeit, Diskriminierung von Arbeitern, unzureichende Löhne und mangelnde Sozialleistungen, Missachtung von Arbeitszeitbegrenzungen und unbezahlte Überstunden, Verbot von Arbeitnehmervertretungen und Krankenständen, erzwungene Überstunden und Schwangerschaftstests, ungerechtfertigte Entlassungen, mangelhafte Sicherheitsvorkehrungen. Englands Fußballstar David Beckham, den adidas als, wie es heutzutage heißt, globale Sport-Ikone vermarktet, steht mit 4,5 Millionen Euro Jahresgehalt auf der Lohnliste des Unternehmens. Das, fürchte ich, wird von Europa bleiben.

Panenkas rechten Schuh, mit dem er an jenem Sommerabend seine eigene Geschichte schrieb, habe ich übrigens nicht mehr gefunden. Es wird ein adidas-Modell vom Typ »Beckenbauer« oder »Müller« gewesen sein – nach 1974 verewigte adidas die Heroen der WM auf den Schuhen – Größe 45 bis 47. Panenka spielte mehr auf großem Fuß als er lebte: 1981 entließ ihn sein Land als 32-jährigen in den goldenen Westen, wo Panenka für Rapid Wien arbeitete und, obwohl er zwei Drittel weniger als seine österreichischen Kollegen verdiente, genug für einen auskömmlichen Lebensabend auf die Seite legte. Panenka lebt heute in Prag, betreibt eine Weinbar, ist nebenher Trainer und Konsulent seines Stammklubs Bohemiens und hat dem Vernehmen nach für den EU-Beitritt der Tschechischen Republik gestimmt.

Das Herz eines alten Landes

Eine zehn Kilometer lange Ebene zwischen Klagenfurt und St.Veit an der Glan, Wälder, Hügel, einzelne Sümpfe. Umstanden von den vier »heiligen« Bergen: Magdalensberg im Osten, Ulrichsberg im Süden, gegen Norden hin der Veitsberg (korrekt eigentlich Gößeberg) und der Lorenziberg. Am Südrand liegt Maria Saal, westlich gegenüber, auf einer das Tal leicht übersteigenden Anhöhe, Tanzenberg, ehemalige Olivetanerabtei, seit 1946 bischöfliches Seminar »Marianum« und humanistisches Gymnasium, »das vielen Buben vor allem aus dem ländlichen Bereich« den Weg zur höheren Bildung öffnen soll«. Vor der Gründung des slowenischen Gymnasiums in Klagenfurt 1957 die einzige höhere Schule, die slowenisch sprechenden Schülern eine Ausbildung in ihrer Muttersprache ermöglichte. Internat, das die schönsten Konviktskakteen der slowenischen Literatur Kärntens hervorbrachte: Florjan Lipuš, Gustav Januš, Karel Smolle gingen hier zur Schule, gründeten die Literaturzeitschrift »mladje«, Peter Handke war hier kurz Schüler, ehe er zur Matura nach Klagenfurt entfloh. Den Weg von Tanzenberg hinunter nach Karnburg.

Das heute so unscheinbare Dorf war Mittelpunkt des polyethnischen Fürstentums Karantanien, die karolingische Pfalz »Curtis Carantana« wurde um 830 gegründet, 888 kam König Arnulf auf einem seiner Kriegszüge nach Norden hier vorbei. Die 927 erstmals erwähnte Pfalzkapelle ist aus den Steinen erbaut, die aus den verfallenen Römersiedlungen ringsum herangekarrt wurden. Die Buchstaben auf den Relief- und Inschriftensteinen sind verwittert, aber noch immer lesbar. Unweit davon stand der Fürstenstein, die umgedrehte ionische Basis einer römischen Säule, auf der im Ritual der Fürsteneinsetzung Platz zu nehmen hatte, wer das Land regieren wollte: Die Fragen, ob er ein gerechter Richter, Bekenner und Verteidiger des christlichen Glaubens sein werde, stellte ein als Fürst gekleideter Bauer in slawischer Sprache auf dem Stein sitzend und erst wenn sie zufriedenstellend beantwortet waren, tauschten Fürst und Bauer Platz und Gewand. Danach zogen Freisassen und Adelige zum Herzogstuhl inmitten des Zollfeldes, wo der künftige Landesherrscher seinen Eid leistete, Rechte und Freiheiten seiner Untertanen bestätigte, neue Lehen vergab oder alte bekräftigte. Erst dann wurde ihm als rechtmäßigem Herzog des Landes gehuldigt.

Das Zollfeld. Kärntens Mitte seit jeher und immer an der Peripherie eines größeren, mächtigeren Zentrums, dessen Macht hier hereingriff, es formte, verging und wiederkam. Noch vor einigen Jahrzehnten sammelten die Bauern säckeweise römische Münzen ein, die da beim Eggen und Pflügen ans Tageslicht kamen. Die Tonscherben warfen sie meist achtlos weg. Unter ihren Feldern liegen bis heute versunkene Städte, Handelswege, Straßen, Plätze, Schlachtfelder und Friedhöfe. Die ersten Siedlungen entstanden in der Hallstattzeit um den und auf dem Magdalensberg, vom zunächst sanft und später steil ansteigenden Berg lässt sich das weite Umland gut einblicken, Freund und Feind kommen nicht unbemerkt heran, es ist, wie man heute sagt, eine »strategische Schlüsselposition« oder, richtiger, es war eine: ein leicht verriegelbares Durchgangstor, an dem die Wege aus allen Himmelsrichtungen zusammenkamen und auseinandergingen. Heute führt eine mehrspurige Schnellstraße gerade über den Talboden, vorbei an den alten Steinen, den Feldern und spitztürmigen Kirchen, vorbei an den Dörfern, die über den Ruinen gewachsen sind und jetzt nach und nach selbst verschluckt werden von der neuen, gefräßigen Peripherie, deren Baumärkte, Großhandelshäuser, Lager und Tankstellen von Klagenfurt herauswuchern. In einem ihrer ersten Romane, 1999 bei Carinthia wieder aufgelegt, lässt Dolores Vieser einen mittelalterlichen Spielmann mit seinem Kind auf einem der alten, längst an den Rand gedrängten Wege über das Zollfeld ziehen, und vor einem halben Menschenleben lag das Kind Peter Turrini in einer der Wiesen, die damals noch sein Dorf Maria Saal umgaben, und blickte sehnsuchtsvoll dem Schnellzug nach, der nach Wien ratterte und in dem, wie er später schrieb, alle seine Träume und Wünsche mitfuhren, vor allem der, möglichst bald hier heraus und wegzukommen. Die Ödnis der Provinz in den 50er Jahren, ein einziger dumpfer Samstagnachmittag auf dem Land, er und die Tanzenberger haben sie immer wieder beschrieben, und der Schrecken klingt durch die Jahrzehnte nach. Das Bewusstsein, ihm auf historischem Boden ausgesetzt zu sein, lindert ihn überhaupt nicht, wie denn auch. Vom Zollfeld sprach die Schule und das »offizielle« Kärnten doch nie anders als im überschnappenden Ton trachtengewandeter Troglodyten – »Heimat, Wiege, Ulrichsberg, Herzogstuhl, frei und ungeteilt«: Als wären die Stürme der Völkerwanderungen nicht vorübergezogen wie über andere Landstriche auch, sondern hätten sich in irgendwelchen Winkeln festgesetzt, um immer wieder aus ihrem Versteck hervorzubrechen und den Äolsharfen der angeblich stets zum süßesten Lied gestimmten Kärntner Seele die jämmerlichsten Geräusche der Feindseligkeit zu entlocken. Die jährlichen Feiern der unseligen Kameradschaft IV auf dem Ulrichsberg, eine gespenstische Ansammlung gealterter Schulbuben, die dem Albtraum, den sie für das Abenteuer ihres Lebens hielten, nie entrinnen konnten und die Verachtung, ja der Hass, der jener kleinen Künstlerkolonie am Tonhof bei Maria Saal entgegenschlug, in der Gerhard und Maja Lampersberg die österreichische Avantgarde aus Dichtung, Ton- und bildender Kunst der 50er und 60er Jahre versammelten, waren die Grundtöne einer beschämenden Kakophonie. Sie klingt heute, auch das soll gesagt werden, leiser, verklungen ist sie aber noch nicht.

Auf historische Urbanität und einen entsprechenden Lebensstil, der in diesem Raum auch einmal gepflegt wurde, verweisen lediglich die Ruinen der ersten keltisch-frührömischen Bergstadt, die seit Jahrzehnten auf dem Magdalensberg und einer Fläche von 2,5 Kilometern freigelegt werden. Als die Römer 15 v. Chr. die blühende norische Handelsstadt eroberten und zum Verwaltungszentrum des bis dahin freien Regnum Noricum machten, entfalteten sie eine Pracht, die der Bedeutung des Stützpunktes entsprach. Regierungsgebäude und weitläufige Badeanlagen, Wohnhäuser und Werkstätten, die sich um ein großzügiges Forum gruppieren, zeugen nicht nur von regem Wirtschaftsleben, sie geben in der Statue des Jünglings vom Magdalensberg – eine 1502 gefundene Bronzekopie des verschollenen Originals – auch eine Ahnung vom handwerklichen und künstlerischen Standard ihrer Bewohner. Um 50 n. Chr. errichteten die Römer im Zentrum des Zollfeldes die neue Hauptstadt der Provinz Noricum und befestigten so die notorisch unruhige Region bis zur Teilung Noricums durch Kaiser Diokletian (284 bis 305). Virunum erstreckte sich von der Glantrasse bis zum Westhang des Töltschacherberges und war die größere, bedeutendere und in jedem Sinn imperialere Ausführung der ersten Stadtgründung: Kapitol und Forum beherrschten die Stadt, getrennte Wohn- und Sakralbezirke sowie ein eigenes Bühnentheater – das einzige auf österreichischem Boden – verweisen auf Macht und Größe einer Hauptstadt, die bis zum 6. Jahrhundert Noricum mediterraneum (Binnennorikum) beherrschte. Dieses Gebiet umfasste immerhin das Südtiroler Pustertal, Osttirol, Kärnten, den Lungau, die Steiermark ohne das Ennstal, die Untersteiermark sowei das nordslowenische Gebiet mit den Städten Celeia/Celje und Poetovio/Ptuj. Für einige hundert Jahre rückte das Zollfeld tatsächlich von der weiteren Peripherie des römischen Reiches in das Zentrum eines Raumes, in dem sich nach dem Zerfall Binnennorikums nicht nur die wechselvolle frühmittelalterliche Staatenbildung, sondern auch die Missionierung und Christianisierung der Karantanen vollzog.

Virunum wurde Ende des sechsten Jahrhunderts von den Awaren und Slawen zerstört. Anfang des siebenten Jahrhunderts befand sich das gesamte Drautal in den Händen slawischer Kriegerverbände, die manchmal auch in Koalition mit den verfeindeten Awaren ihre Eroberungen absicherten. Die alpenslawischen Vorfahren der Karantanen konnten ihre Selbständigkeit gegen die Awaren behaupten und ihre eigenen Herrschafts- und Sozialstrukturen aufbauen. Wie alle slawischen Völker des Raumes führen auch die Karantanen einen nichtslawischen Namen, dessen Ursprünge in vorrömische Zeit zurückgehen. Die Namensgebung für die Grafschaft Karantanien – die älteste Österreichs östlich der Enns – ignoriert die Bezeichnung für das antike Noricum, dessen Gebiet sie grosso modo umfasst. Carantanum wurde ein eigenständiges Fürstentum, das jedoch die römische Kontinuität und daher auch seine Zentren, das Zollfeld und das Lurnfeld bei Spittal an der Drau, beibehielt. Die dauernden Auseinandersetzungen mit den Awaren führten schließlich um 750 zum Anfang vom Ende des karantanischen Interregnums. Die Karantanen holten die Bayern zu Hilfe, die ihnen zwei Dinge mitbrachten, um die sie nicht gebeten hatten: Das Christentum sowie die Absicht, als Fürsten hier zu regieren. Nach dreijährigem erbitterten Krieg unterlagen die Karantanen den Bayern 772, und die Bayernherzöge bestimmten, welcher »Knez« (»Fürst«) fürderhin auf dem Herzogstuhl vereidigt wurde. Erst 820 sind die ersten bayerischen Grundbesitzer in Karantanien urkundlich erwähnt, 828 führte Ludwig der Fromme die fränkische Grafschaftsordnung und somit das bayerische Recht für den größten Teil des Landes ein. Die Tradition der Einsetzung auf dem Herzogstuhl, die damit obsolet war, blieb allerdings auch nach der Herrschaftsübernahme durch den Luitpoldinger Heinrich als Herzog 976 bestehen, wie der Abt von Viktring noch im 14. Jahrhundert zu berichten weiß. Dieses Datum wird in Kärnten gerne als Loslösung von Bayern und »Geburtsstunde« des selbständigen Herzogtum gefeiert, allerdings wissen die Quellen nichts von einer offiziellen Abtrennung.

An keinem anderen Ort in Kärnten kommen einander Heidentum und Christentum bis heute so nahe wie am Zollfeld. Die meisten frühchristlichen Baudenkmäler wurden in der Völkerwanderungszeit zerstört, die den Menschen auch einen Rückfall in das Heidentum bescherte, an dem die Karantanen zunächst begeistert festhielten. Die Missionierung erfolgte um 750 durch Chorbischof Modestus von Salzburg, und zwar von oben nach unten: Zunächst traten die Fürsten und der Adel, dann ihre Untertanen zum Christentum über. Dass dabei manchmal ein wenig nachgeholfen wurde, etwa in Form von Entführungen der Kinder widerwilliger Adeliger in bayerische Klöster samt Zwangstaufe und frommer Erziehung, lag im Geist einer an Grobheiten nicht eben armen Zeit. Als Anker für die junge Religion und kirchlicher Mittelpunkt Kärntens wurde in Maria Saal Mitte des achten Jahrhunderts eine Wallfahrtskirche samt Probstei errichtet und bis 1459 zu einer der eindrucksvollsten spätgotischen Kirchenburgen ausgebaut. Im Innenraum hat der Expressionist Herbert Boeckl in einem Wandbild sich und den

Kärntnern ein Denkmal gesetzt: Die Züge eines der dargestellten Heiligen sind ganz eindeutig denen des Sowjet-Führers Lenin nachempfunden.

Vom Unfug auf dem Ulrichsberg war schon die Rede, und gerade dieser isolierte Berg im Westen des Zollfeldes hätte sich einen besseren Umgang verdient. Im ersten Jhdt.n.Chr. stand auf der Kuppe des Berges, unweit vom Sammelpunkt der alten Kameraden, ein römischer Tempel, der Isis-Noreia geweiht. Eine hier gefundene Apollostatue steht heute im Kunsthistorischen Museum in Wien. Wie der Lorenziberg bei St.Veit, der Gößeberg und der Magdalensberg ist der Ulrichsberg eine der großen Stationen des Vierbergelaufes. Lange stritten die Gelehrten, ob es sich bei der Wallfahrt, die am »Dreinageltag« (dem zweiten Freitag nach Ostern) abgehalten wird, um ein Relikt aus heidnisch-keltischer Zeit handelt oder nicht. In 24 Stunden wird dabei eine 40 Kilometer lange Strecke zurückgelegt, die von Gipfel zu Gipfel führt. Dabei werden an mehreren Stationen Messen und Andachten gelesen, die Wallfahrer sammeln unterwegs Efeu, Immergrün und Wacholder für den heimischen Herrgottswinkel. 1578 erstmals beschrieben, wird der Vierberge-Lauf heute eher dem Umkreis der Karfreitagsprozessionen und Christi-Leiden-Spiele zugeordnet, die sich im ausgehenden 15.Jhdt. in formaler Analogie zur Jubiläumswallfahrt in Rom entwickelten.

Auch wer kein besonders religiöser Mensch ist, kann sich dem Zauber dieser Wanderung kaum entziehen. Das Losgehen in der Nacht und in den Morgen hinein, der Wechsel der Tageszeiten und Temperaturen, das Gehen im

Singsang der Gebete und ihre metrische Monotonie, die den nachlassenden Kräften eine heitere Gelassenheit entgegensetzt: In einer einzigen, weit ausholenden und einen Tag anhaltenden Bewegung um das Zollfeld herum, in dem das Herz dieses seltsamen Landes schlägt, leise, regelmäßig, vertraut. Das andere hörst du gar nicht mehr, die Rülpser und das Gegröle, hier fühlst du seinen Pulsschlag und sein Zittern, im goldenen Glitzern der Fresken Valentin Omans in der Tanzenberger Konviktskapelle ebenso wie im nahen Läuten der Glocken von Maria Saal. Maria Zaal hat Thomas Bernhard in »Holzfällen« höhnisch geschrieben, als er mit den Lampersbergs abrechnete, aber sein Spott war milder als in allen anderen seiner berüchtigten Auf- und Abrechnungen, ganz wurde er die Erinnerung an eine Jugendliebe wohl nicht los, die ihn an den Thonhof fesselte über Jahre hinweg. Dort schrieb er die »Rosen der Einöde«, unbeholfene Gedichte zwischen Eros und katholischer Verquertheit, dort traf er die scheue Christine Lavant, die sich ein ganzes Jahr auf die Wochen bei den Lampersbergs freute und dann ein weiteres Jahr davon lebte und schrieb, den eleganten H. C. Artmann, alle, die jung und wild und willens waren, es der Welt zu zeigen und solche, die sich langsam von ihr zu verabschieden begannen. Einige Hügel, Berge, Kirchen und das Kloster, ein Fluß, verstreute Auen und Tümpel, sonst nichts. Die Straße führt darüber, die Geleise der Bahn, der Turrini sehnsuchtsvoll nachgeschaut hat. Viel mehr unter der Erde als darüber, daran ändern die Bauhäuser und Lager und Supermärkte nichts, die aus Klagenfurt herauswachsen, und nach einem Tag und zwei halben Nächten auf den Beinen weißt du nicht mehr, ob das Schwere leicht oder das Leichte schwer ist.

»Oba scheen is schon bei uns«: Brief an einen Freund

Lieber Fabjan,

als wir im Sommer über das Thema dieser Veranstaltung in Klagenfurt sprachen und du meintest, es könnte etwa »Was hat Kärnten zu verbergen« heißen, dachte ich daran, so etwas wie eine Außensicht beizusteuern. Wie du weißt, lebe ich ja schon eine Zeit lang in Wien, und ich erlebe noch immer und immer wieder, dass über Kärnten gesprochen wird wie über das seltsame Benehmen eines peinlichen Verwandten: Man hört betreten zu, wie dessen Ausrutscher teils belustigt, teils befremdet breitgetreten werden und während man noch überlegt, ob man sich zu ihm bekennen, ihn verteidigen oder ihn mit einer noch unangenehmeren Anekdote verleugnen soll, wird man auch schon auf ihn angesprochen – man kennt ja die Verwandtschaftsverhältnisse in einem kleinen Land wie Österreich. Und dann ist es meist endgültig zu spät, was immer du sagst, es wird dir und deinem Verwandten falsch ausgelegt oder doch richtig – du wirst ihn nicht los, so weit kannst du ihn gar nicht hinter dir gelassen haben.

Also Kärnten. Zunächst glaube ich, dass Kärnten, was es zu verbergen hätte, teilweise nicht verbirgt, sondern mit der Schamlosigkeit eines Betrunkenen, dem sein Rausch auch schon egal ist, in die Welt posaunt, fröhlich, laut, rücksichtslos und, je nach Stimmungslage und geschlucktem Quantum, aggressiv oder sentimental: Die blöden nationalistischen Rülpser, das selbstmitleidige Geseier über die gebrechliche Wirtschaft, die Großkotzigkeit, mit der in den letzten Jahrzehnten Milliarden an Steuergeldern begraben wurden – Du erinnerst dich sicher noch an das Zellstoffwerk Magdalen und, glaube mir, wir alle werden uns noch mit Grausen an den Bau des Stadions für die Fußball-Europameisterschaft 2008 erinnern-, die Unverschämtheit seiner Repräsentanten, die alle Sommer lang um den Wörther See tanzen, um dazwischen über die mangelnde Investitionsbereitschaft der Wirte, also auch ihrer Gastgeber zu klagen, welche seit Jahrzehnten ihre Gäste mit levantinischer Frechheit und deutscher Gründlichkeit ausnehmen. Wer es wagt, eine über das Minimum des touristischen Standardangebotes hinausgehende Mehrleistung zu verlangen, wird entweder offen verlacht oder mit einer generösen Geste auf die umliegende Landschaft abgespeist: Die sei doch so schön, also möge man den Herrgott gefälligst einen guten Mann sein lassen. Der Hergott ist in solchen Fällen immer ein Kärntner Wirt, so lästerlich das auch klingen mag.

Wovon leben die Leute hier eigentlich, soll ein kaiserlicher Abgesandter bei der Durchreise durch Frankfurt die resolute Mutter des damals noch gar nicht Geheimen Rates Johann Wolfgang von Goethe gefragt haben, und die antwortete, ohne nachzudenken: »Vom Bescheißen, Euer Durchlaucht.« Gab es damals schon einen Tourismus am Wörther See, den die Frankfurter hätten abkupfern können? Meines Wissens wurde Klagenfurt erst um 1800 literarisch und touristisch auffällig, als Novalis in Briefverkehr mit dem seinerzeitigen Baron Herbert trat, der als Gründer einer Bleiweißfabrik den Spatenstich zu einem der späteren Milliardengräber legte, nämlich der Bleiberger Bergwerks Union (BBU). Novalis schwärmte damals jedenfalls, Herberts Haus in Klagenfurt – es steht noch heute am St.Veiter Ring – sei »ein Athen«, der Menschenschlag aufgeklärt, den schönen Künsten zugeneigt, der Baron selbst ein Freigeist edelster Natur, die Geheimpolizei gemütlich: Aber als Novalis den Baron anheuern wollte, Schillers »Horen« als feine Literaturzeitschrift in Kärnten und Krain zu vetreiben, hatte die Gemütlichkeit ein Ende, das Projekt kam nicht zustande. Es scheint, dass die Kärntner schon damals mehr gefeiert als gelesen haben. Herbert hat sich übrigens später in Triest erschossen.

Immer, wenn von Kärnten die Rede ist, das heißt auch, wenn die Kärntner selbst über ihr Land sprechen, beginnen sie über kurz oder lang von der Schönheit der Landschaft zu schwärmen. Ihrer Landschaft. Ist Dir aufgefallen, dass man in Kärnten kein Gespräch über Kunst, Sport, Wirtschaft führen kann, ohne dass es bei der Schönheit Kärntens endet? Besonders krass wird es, wenn über Politik gesprochen wird, denn da neigt der geschmeidige Kärntner doch zu unverrückbaren Urteilen. Wenn er dem Gesprächspartner also mitten in der Debatte auf den Kopf zusagt »Oba scheen is schon bei uns, göll?« sollte der das nicht als rhetorische Frage missverstehen, sondern als letzte Aufforderung, das Thema zu wechseln. Letzte Ausfahrt, bitte.

Danach gibt's nur noch fluchtartigen Abgang oder Wirtshausschlägerei, besonders die Antwort: »Ja sicher ist es hier schön, aber dafür könnt ihr doch wirklich nichts« kommt erprobtermaßen nicht gut an. Es liegt ein seltsamer Bettlerstolz in der Inbrunst, mit der die Kärntner auf die Schönheit der Landschaft pochen, in der sie leben – so, als hätten sie Besitzanteile, wo sie im Grunde nur Wegerecht beanspruchen dürfen. Das scheint mir überaus bezeichnend für das Selbstverständnis der Kärntner zu sein, und ich fürchte, es ist so sehr eingeübt, dass es den Wandel – nehmen wir doch an, es gab ihn auch in Kärnten – von feudalen Besitzverhältnissen zu einigermaßen nach demokratischen Spielregeln verhandelten nicht nachvollzogen hat. Missverstehe mich nicht, bitte: Auch mir wird das Herz warm, wenn ich die Augen schließe und an einen Frühlingstag im Schilf des Wörther Sees denke, an sein weiches, samtenes Wasser und an den Duft, der an einem klaren Morgen im Mai aufsteigt – solche oder ähnliche Bilder tragen wir ja alle mit uns herum und sie haben etwas mit Kindheit, mit Erinnerungen und natürlich mit Heimat zu tun. Für jeden, der Kärnten etwas näher gekommen ist als es der touristische cordon sanitaire erlaubt, führen drei Wege zum See, da mag er seine Ingeborg Bachmann gelesen haben oder nicht. Aber von der herzwärmenden Wirkung solcher Bilder kann ich nicht leben, und gerade das postulieren die, die damit hausieren gehen: Dass irgendwer etwas dafür kann, dass diese Bilder nicht privat, sondern quasi vom Kollektiv Kärnten produziert werden und daher etwas sein müssen, was sie nicht sind – dass sie etwas ersetzen.

Falsche Bilder also. Doch was ersetzen sie? Und wem? Wir wissen, wohin das läuft und ich will es gar nicht wiederholen, wir wissen, wie das aussieht und klingt, die Trachtenhauben und Kärntnerlieder, das »Varlossn« im Chor geheult, im kakaofarbenen Anzug und aufmarschiert zum Landesfeiertag: Diese Form der Repräsentanz macht so widerlich, dass sie Bilder benutzt, die eine Wirklichkeit erzeugen, welche ihrer Herkunft nicht entspricht und die nichts anderes abbildet als den Willen ihrer Kopisten, sich dieses Land herzurichten nach ihrem abgestandenen, atavistischen Gusto. »Passt mir auf mein Kärnten auf«, verabschiedete sich vor einigen Jahren sein Landeshauptmann ebenso weinerlich wie kurzfristig aus dem Amt, weil ihm zwischen allen falschen Bildern einmal kurz ein echtes, wenn auch peinliches in den Projektur rutschte, als er von der »anständigen Beschäftigungspolitik« im Dritten Reich sprach. Kärnten hat es nie in die Hand genommen, diese Bilder auszusortieren, die grausamen, schmerzvollen von den falschen, seimsüßen zu trennen, und das hat dazu geführt, dass es sie bis heute zu verstecken trachtet unter denen, die ihm soviel bedeuten, weil sie das Land eben so »scheen« zeigen. Also wehrt man sich umso verbissener gegen alles, was die Oberfläche aufreißt und den Blick auf das Versteckte zwingt, gegen die Bilder und Objekte eine Cornelius Kolig, gegen die Erzählungen eines Josef Winkler, gegen die Universität und ihre Wissenschafter, gegen alles, das sich nicht »varlosn, varlosn« gibt und sein Hiersein nicht in einem jeden Anlass untermalenden Mollakkord begründen will. Schau' dir bloß den oben zitierten Satz des Landeshauptmanns an: Zwei Possessivpronomen in sieben Wörtern, »mir« und »mein« in Verbindung mit Kärnten – es ist nicht bekannt, dass er etwas ähnliches sagte, als er aus Oberösterreich auszog, sich seine Welt »herzurichten« und in Kärnten landete, das dieser Herrichtung die passenden Bilder lieferte. Die falschen.

Kärnten gleicht, als Abbildung auf den Landkarten dargestellt, ein bisschen einem Wiener Schnitzel, eingerissen an seinen westlichen Enden, nach Norden und Süden langgeklopft, im Osten abgeschnitten und sogar etwas gerundet, je nach Boshaftigkeit des Koches und der Verweildauer in der Pfanne von goldiger oder brauner Bröselpanier, die ja ursprünglich den Sinn hatte, die Qualität des Fleisches darunter entweder zu verdecken oder zu verfeinern. Viel hängt davon ab, wie es der Koch serviert, in Randlage umrahmt von frischen Salaten oder zentral auf dem Teller, ohne Beilage. Kärnten wird immer in Randlage serviert, es sieht sich selbst als fleischgewordene Randlage und das Gejammer darüber ist unerträglich. Immer, als ob es historisches Schicksal wäre, wabbert im Küchendunst der Mythos der Grenze, und selbst als Kärnten für tausend Jahre in das Zentrum eines so genannten Reiches gerückt wurde, lag es am Rand, den Süden ängstlich usurpierend, dem Norden misstrauisch zugewandt.

Kein anderes Bundesland hat historische Grenzen so verinnerlicht wie Kärnten, der Felsgrund, auf dem die Karawanken stehen wie das Lied es befiehlt, ist aus demselben Material, aus dem die Kärntner ihre Denkmäler geschlagen haben, deren Köpfe dem Betrachter aus jedem

Blickwinkel bedeutungsschwer zunicken: jo, jo. Der Lindwurm auf dem Neuen Platz in Klagenfurt wird sich mit seinen Stummelflügeln nie in die Lüfte erheben, der schwere Kreuzberglgranit hat ihn mitten auf den Platz gepickt, und sein Glück ist der tollpatschige Herkules, der sich mit der Keule den eigenen Buckel kratzt statt dem Drachen aufs offene Maul zu hauen. Hier stehen sie, sie können nicht anders, die zwei längstgedienten Magistratsbeamten Klagenfurts, und wer sich als erster bewegt, ist verloren. Ist verloren, kann sich gar nicht mehr bewegen in seinem steinernen Gefängnis. Während sich andere europäische Regionen Raum schaffen, enden die Kärntner Exportwege noch immer an den Grenzen, die es nicht mehr gibt, fürchten die Herrichter des Landes immer noch – schon wieder? – die feindliche Horden vom Balkan, die es sich unter dem Lindwurmschwanz gemütlich machen könnten und gestehen ihnen als Passpartout höchstens die Einkaufstasche zu, die sie in den Läden ringsum gefüllt haben sollten.

Gern sitzen die Kärntner im Sommer auf italienischen Stühlen vor ihren Lokalen, es sitzt sich bequem auf gutem Kärntner Holz, das in friulanischen Fabriken zu schöner Ware verarbeitet wurde, wenigstens das Holz hat den Weg über die Grenze gefunden, und tatsächlich, als es zurückkam, war es kaum wiederzuerkennen. Wie bettelarm das Friaul in den 60er Jahren noch war, wie es aufgeblüht ist, welche Arbeit dahinter steckte und welche Konsequenz, davon ahnen die Kärntner auf ihren Stühlen möglicherweise ein wenig. Vielleicht sind sie auch ein bisschen stolz, haben sie doch ihr Schärflein zum Reichtum des Nachbarn beigetragen auf den Märkten von Tarvis und Udine. Und das Holz geliefert. Bloß hat sich Friaul in den letzten 30 Jahren, während sich Kärnten um seine Grenzen kümmerte, zu einer der reichsten Regionen Europas gemausert, hat tatsächlich Wirtschafts- und Ansiedlungspolitik betrieben, hat nationale und europäische Fördergelder langfristig verplant, hat seine Infrastruktur ausgebaut, hat sich stärker mit den Nachbarregionen und transnationalen Investoren verbunden, hat, kurz gesagt, moderne Strukturpolitik betrieben und nebenbei einige Erdbeben und Überschwemmungen überstanden.

In Slowenien geschieht seit 1991 ähnliches, bereits heute gehen mehr Exporte aus dem Kleinstaat nach Italien, Deutschland und Frankreich als nach Österreich, investieren regionale Banken aus Norditalien mehr als alle österreichischen zusammen, haben private Anleger längst entdeckt, dass Koper/Capo d'Istria und Triest gemeinsam mehr Wirtschaftspotenzial entwickeln können als es sich selbst die Optimisten vor 13 Jahren hätten träumen lassen. Auch dort hatten sich Revanchisten aller Couleurs jahrzehntelang die Köpfe heiß geredet, die Abgeschiedenheit ihrer Randlage beklagt und einander die Sünden der gemeinsamen Vergangenheit aufgerechnet. Aber anders als in Kärnten wurde die Öffnung der Grenzen von Slowenen und Italienern als einmalige Chance zur Wiederbelebung eines bis dahin toten Winkels auf der wirtschaftspolitischen Landkarte erfasst. In Kärnten dagegen fürchtet der unnötige Heimatdienst als Stichwortgeber der Politik nach wie vor die aus Slowenien einsickernden Schwarzarbeiter, was insofern eine abstruse Verkennung der Fakten ist, als die Löhne auf dem schwarzen Kärntner Arbeitsmarkt inzwischen selbst den Arbeitern aus Slowenien zu gering geworden sind, die ein tägliches Hin- und Herpendeln auf sich nehmen würden. Dass schon mehr Kärntner ihr Geld in Slowenien verdienen als umgekehrt, wird nicht so gerne gehört und wäre immerhin ein Signal, dass sich die Beweglichkeit der Arbeitskräfte hierzulande erhöht hat. Eine nachhaltig angelegte Strategie ist daraus aber nicht zu abzuleiten.

Was wäre also zu tun? Du weißt, wie fatal es ist, gefragt oder ungefragt Ratschläge zu geben. Roland Barthes schreibt in seinen »Fragmenten einer Sprache der Liebe« über den Diskurs im allgemeinen, er sei

»eine Bewegung des Hin-und-Her-Laufens, das ist Kommen und Gehen, das sind Schritte, Verwicklungen. Der Liebende hört in der Tat nicht auf, in seinem Kopf hin und her zu laufen, neue Schritte zu unternehmen und gegen sich selbst zu intrigieren. Sein Diskurs existiert immer nur in der Gestalt von Sprachanwandlungen, die ihm nach Maßgabe geringfügiger, aleatorischer Umstände zustoßen.«

Ich denke, dass es gut wäre, den Diskurs in und über Kärnten als einen der Liebe zu betrachten und nicht als einen des Sentiments, der Gefühligkeit, des schönen Scheins, will heißen der Politik. Natürlich sind das auch seine Bestandteile, und daher sollen und müssen sie gezeigt, zerlegt, beleuchtet, dekonstruiert, neu zusammengesetzt, kurz in ihrer Funktion untersucht werden. Das ist keine Sache, die mit Einschränkungen machbar ist, und daher wäre sie für Kärnten, das in Einschränkungen lebt, so wichtig. Sich mit Kärnten zu befassen, heißt in erster Linie, mit Kärnten zu reden, was diesem notorisch maulfaulen Land sichtlich schwer fällt. Das bedeutet, diesen Diskurs eben nicht auf das einfache, symptombehaftete Subjekt namens »Kärnten« zu beschränken, sondern zu vermitteln, was in der Betrachtung an Unzeitgemäßem, Unangenehmem, sich der Behandlung Entziehendem mitschwingt. Wir sprachen davon, die richtigen und die falschen Bilder zu identifizieren, die Kärnten von sich angefertigt hat. Das bedeutet auch, Kopien und Nachbildungen zu untersuchen, zu schauen, was sie bewirken, zu fragen, wer sie anfertigt und zu welchem Zweck. Es wäre zu fragen, was will Kärnten, wenn es von sich selbst spricht, und vor allem wäre hinzuhören, wer weshalb spricht. Mir scheint es paradox, dass in einem Land, in dem so viel gesungen wird, so wenig zugehört wird. Dis-cursus, das Hin- und Herlaufen, überspringt naturgemäß Grenzen wie ein Sprinter kniehohe Hürden, und das in das Bewusstsein einer größeren Öffentlichkeit zu rücken, wäre – in Kenntnis der handelnden Personen des so genannten öffentlichen Lebens – eine außergewöhnliche Kulturleistung. Man könnte bei den entsprechenden Veranstaltungen ja auch eine Karte für den Besuch eines Musicals auf der Seebühne verlosen.

Nein, verzeih' diesen geschmacklosen Zynismus, ich widerspreche mir selbst. Aber es ist doch die Ent-grenzung im Diskurs, gegen die sich Kärnten meiner Wahrnehmung nach am allerheftigsten wehrt. Es versteht sich selbst primär in seinen Grenzen, weil es stets nach einer kindlichen

Sicherheit zu streben scheint, die ihm das erwachsene Leben nicht garantieren kann. Vielleicht ist, was Kärnten tatsächlich zu verbergen hat, bloß die Verweigerung seiner Adoleszenz. Sicher aber wäre ihm in der eigenen Erkenntnis leichter, wenn es sich aus seinem Opferhandel befreien könnte. »Das Habenwollen muss ein Ende haben – aber auch das Nicht-Habenwollen darf nicht mehr auftauchen: keinerlei Opfer. Ich will das hitzige Aufbrausen der Leidenschaft nicht durch das verarmte Leben, das Sterben-Wollen, die große Müdigkeit ersetzen.« Mit diesem letzten Satz von Roland Barthes grüße ich dich und die Freunde, ich wäre gerne bei Euch. Aber draußen leuchtet die Wüste wie gelbes Mehl, und heute geht es auf dem Rücken der Kamele in eine Oase, wo es keine Kärntnerlieder und -anzüge gibt. Aber »scheen« ist es hier auch.

Eine Reise nach Rom

Es war 1977, als in Klagenfurt die ersten Gerüchte über eine ungeheure neue literarische Begabung umgingen. Josef Winkler heiße der junge Mann, und er schreibe an einem Roman über Kärnten, der alles Bisherige in den Schatten stellen werde. Er arbeite an der Universität, wie der Neubau auf den feuchten Seewiesen neben der Parkanlage am See etwas vermessen genannt wurde – wenn man daran vorbeifuhr, sah das niedrige, nicht allzu große Gebäude eher wie die komfortable Umkleidekabine der Tennisanlage aus, die sich auf der anderen Straßenseite erstreckte. Nein, er sei kein Lehrer, kein Universitätsprofessor, sondern Portier. Ein Portier, der schrieb: Wir waren fasziniert. Mit unseren 17 Jahren hatten wir von der Schule gerade so genug, dass uns ein schreibender Portier als personifiziertes Nonplusultra des Protestes gegen das Establishment vorkam, den wir nach dem zweiten Bier laut in die Welt – der das herzlich egal war – hinausschrieen, aber selbst nicht wagten. Unter Establishment verstanden wir unsere Eltern, die uns zum Schulbesuch zwangen und die Schule, die uns zum Lernen zwang. Wir verehrten Winkler, noch ehe wir eine Zeile gelesen hatten.

Und wir liebten die Uni, an der viel gelesen wurde. Wenn man am Abend zu einer Lesung ging, hatte man für daheim ein Alibi, das widerstandslos akzeptiert wurde. Außerdem war das Bier in der Mensa billig, und die Mädchen waren netter, weil schon ein wenig älter und um einiges zugänglicher als die in der Schule. So kamen wir zur Literatur. Zur zeitgenössischen, um genau zu sein: Denn mit dem großen Rest wurden wir in der Schule abgefüllt, und das hat manchem die Lust auf die Klassiker für immer verleidet. Es brauchte Jahre, bis ich mich beispielsweise wieder an den »Grünen Heinrich« wagte, und Grillparzers »Armer Spielmann« oder Stifters »Nachsommer« wurden mir so verleidet, dass ich sie sogar später während des Studiums zu vermeiden wusste.

Gert Jonke dagegen hörte und sah ich an der kleinen Klagenfurter Umkleidekabinenuniversität zum ersten Mal. Er wirkte zart, hatte einen Wuschelkopf und eine Brille und las einen Text, in dem es um die Wiederholung eines Festes ging. Ich verstand nicht viel, aber die Geschmeidigkeit der Sätze, ihr Rythmus gefiel mir, und nach der Lesung konnte man mit dem Autor sprechen oder einfach mit ihm ein Bier trinken. Ich weiß nicht mehr, was ich Jonke genau fragte, es muß aber ungemein blödsinnig gewesen sein, weil alle um ihn Versammelten die Augen verdrehten oder sich pikiert abwandten. Jonke antwortete mit ausgesuchter Höflichkeit und sehr ausführlich, doch verstand ich die Antwort ebenso wenig wie zuvor seinen Text. Allmählich begann mir zu dämmern, dass diese Literatur etwas gänzlich anderes war als die Dürrenmatts, Bölls und Lenze, mit denen ich bis dahin meinen Bedarf an neuerer Literatur abgedeckt hatte. Handke, Bernhard oder Turrini, die Bachmann oder gar Jelinek waren damals auf meinem Horizont, wenn diese hochtrabende Berzeichnung für eine evidente Wahrnehmungsverengung verwendet werden darf, noch gar nicht aufgetaucht.

Winkler las nicht an der Uni. Er hielt sich fern, wurde vielleicht auch fern gehalten von der Szene, die sich da gerade bildete und die er in seiner Sprödigkeit und Verletzbarkeit wahrscheinlich auch nicht suchen mochte. Manchmal sah man ihn durch die Stadt huschen oder den Lendkanal hinabeilen, einen schmalen, bleichen Mann, den Blick auf den Boden gerichtet oder irgendwohin, und stets hatte man den Eindruck, als bewegten sich seine Lippen in gemurmelten Litaneien oder Verwünschungen. Später konnte man vereinzelten Passagen seiner viel weiter ausholenden Bücher entnehmen, wie schwer ihm das Herausgerissenwerden aus dem verhassten, aber vertrauten Dorf und das Sicheinfinden in der ignoranten, bald ebenfalls verhassten Provinzstadt gefallen ist, erfuhr man von den perfiden Demütigungen, welche ihm verbiesterte Zimmervermieterinnen und andere derangierte Kleinbürger zufügten, die mit dem sicheren Instinkt der in Jahrzehnten gedemütigten Kreatur die Gelegenheit zur billigen Rache an einem wahrnahmen, der keine Schuld an ihrem verunglückten Leben hatte und dessen offenkundige Weigerung, sich zur Wehr zu setzen, sie mit unterwürfiger Schwäche verwechselten. Einen ersten unauffälligen Hinweis darauf gab bereits die abschließende editorische Notiz in seinem Erstlingswerk »Menschenkind«, die Verfassungszeitraum und -ort so großspurig wie hilflos mit »Venedig, Klagenfurt Dezember 1977 – April 1978« anführt.

Doch noch ehe dieses Buch erschien, erschien Winkler in der literarischen Szene, und er wählte für seinen Auftritt gleich die wirksamste Bühne, den damals gerade erst drei Jahre alten Bachmann-Preis. Es war 1979, das Wettlesen fand noch nicht im ORF-Zentrum, sondern in familiärerem Rahmen im Stadthaus statt, wo sonst die standesamtlichen Trauungen abgehalten wurden. Das Publikum war möglicherweise interessierter als heute, möglicherweise auch nicht, es war der Literatur jedenfalls näher, weil die Veranstaltung von den Adabeis, die ihr mit zunehmendem Bekanntheitsgrad zuliefen, noch nicht entdeckt worden war. Die Jury war nicht kompetenter als heute, nur hatte sich ihr Einverständnis mit den Verlegern, aus der Veranstaltung eine Verkaufsshow für aktuelle Neuerscheinungen zu machen, noch nicht ganz klar herausgebildet. Man rieb sich noch aneinander, und die Hitze der Debatte brannte in guten Augenblicken die Schlacke von den Texten herunter und man kam dem privaten Akt des Schreibens sehr nahe, ohne das Schamgefühl des Autors zu verletzen und ihn allzu rücksichtslos dem Voyeurismus der Menge – welcher Menge – preiszugeben. Umstritten war das Wettlesen damals auch schon, und wer sich darauf einließ, wusste, was ihn erwartete und was der Preis war, der ihn bestenfalls erwartete. Möglicherweise liegt der Unterschied zu heute darin, dass damals die meisten Autoren draufzahlten, weil die Einladungspolitik noch nach recht brutalen Gesichtspunkten erfolgte: Den bereits in Fachkreisen, also Verlegern und Kritikern, vertrauten und als gewichtig genug empfundenen Autoren wurden blutige Laien gegenübergestellt, vorgeblich der offenen Talentesuche, tatsächlich natürlich des Spektakels wegen, das die Juroren mit ihnen aufführten, um einen offenen Wettkampf zu simulieren. Manch einer der zahlreichen Hobbyautoren und Nebenherschreibern – Journalisten, die den Jahrhundertroman in der Schublade hatten, Handarbeitslehrerinnen, die zwischen Werken und Nähen an revolutionären Novellenformen klöppelten – wurde in den ersten Jahren des Bachmannpreises unsanft auf den Boden der Wirklichkeit geholt, manch eine potenzielle Karriere stellte sich gnädig rasch als das heraus, was sie tatsächlich war: aussichtslos. Diese Form des unschuldig-perfiden Kanibalismus hat sich mittlerweile völlig aufgehört, die Vorselektion hat den privaten Amateuren zugunsten der wenig besseren halbprofessionellen den Weg versperrt, die besonders von Kleinverlagen immer wieder aufgeboten oder, ebenfalls vielsagend, gerade von renommierten Kritikern empfohlen werden.

Doch derlei hatte Josef Winkler nicht zu befürchten, als er antrat. Man wusste, dass sein Erstling bei Suhrkamp erschienen war und dass er aus seinem nächsten, soeben begonnen Buch lesen werde. Was man nicht wusste – außer, man stand Winkler sehr nahe – war, wie er las: Ohne aufzublicken, stürmte er das Podium, hockte hastig auf seinem Sessel nieder, keine Spur von gemählichem Platznehmen und bequemem Zurechtrücken, und begann schreiend seinen Vortrag. Mir ist er jedenfalls schreiend in Erinnerung, andere wieder sagen, er habe eher leise, aber ohne Pause und wie aufgezogen seinen Text heruntergeschnarrt. Heute bin ich überzeugt, dass beide Wahrnehmungen richtig sind und die Diskrepanz auf die absolute Außergewöhnlichkeit seines Auftrittes zurückzuführen ist, bei dem sogleich klar wurde, dass hier einer bereit war, Blut zu vergießen für sein Anliegen – und zwar sein eigenes. So drastisch wie der Autor kam auch sein Text daher, von dem ich zunächst nicht viel mitbekam: Eine Vatergeschichte, dachte ich nach den ersten Sätzen, nein, eine Dorfgeschichte, Friedhöfe, Schlachtermesser, Stallvieh, Kruzifixe und immer wieder der Kalbstrick, an dem die Kälber aus dem Leib der Mutterkuh auf die Welt gezerrt werden und mit dem sich tumbe Dörfler erhängen, die der hier entfesselten grauenhaften Orgie von Gewalt und Bigotterie zu entfliehen versuchen. Ich hörte und hörte doch nicht, ich sah den bleichen Mann am Podium schreien und sah ihn doch nicht, sondern das Kind, das er war und seine Angst macht mir Angst. Als Winkler zu Ende gelesen hatte, sprang er auf und lief davon, und ob das perplexe Publikum applaudierte oder stumm blieb, ist meiner Erinnerung entfallen. Unvergesslich allerdings ist mir die eigene Verstörung, die mich mit zitternden Händen nach einer Zigarette kramen und die ersten Züge wie die bewusst erlebte Rückkehr des eigenen Atems nach tiefer Bewusstlosigkeit erleben ließ. Mir war nicht klar, ob ich soeben einen genialen Autor oder einen bauernschlauen Scharlatan erlebt hatte. Den Hauptpreis hätte ich ihm sofort gegeben, so oder so.

Den bekam dann jedoch nicht Winkler, sondern Gert Hofmann für seinen Roman »Die Fistelstimme«. Winkler erhielt den Förderpreis der Stadt Klagenfurt. Man täte beiden Autoren im Nachhinein unrecht, wollte man daraus habituelle Gesetzmäßigkeiten ableiten, aber uns Jungen erschien die Entscheidung damals doch bezeichnend: Hofmann, der brave und disziplinierte Universitätsprofessor, der »An-der-Uni-Leser« hatte mit einem feinverästelten und an augenzwinkernden Anspielungen reichen Text den Hauptpreis abgeräumt, Winkler, der Underdog, musste sich für seinen wilden »Ackermann« mit dem zweiten Platz begnügen. Dennoch war es ein ebenso glanzvoller wie einmaliger Augenblick für die literarische Szene des Landes, gleich zwei an der aufstrebenden Universität Beschäftigte – einen Lehrer und einen Portier – mit dem im internationalen Renommee jährlich steigenden Bachmann-Preis ausgezeichnet zu bekommen.

Mir war das allerdings egal. Die Schule war vorbei, ein langer Sommer lag vor mir und im Herbst würde ich nach Wien zum Studium aufbrechen. Das Bundesheer hatte ich mir erspart, mit Hilfe eines Arztes übrigens, dessen Stiefsohn mit Winkler befreundet war und der sich einige Monate zuvor das Leben genommen hatte. Ich hatte ihn flüchtig gekannt und sein Tod berührte mich natürlich, aber nicht mehr als der Flügelschlag eines finsteren Engels in einem Albtraum, der bald nach dem Erwachen vergessen ist. Mein Entschluss, Kärnten zu verlassen, stand ohnehin fest und mit dem Egoismus eines 18jährigen nahm ich mir vor, die Zeit bis zur Abreise so angenehm wie möglich zu verbringen: Tagsüber würde ich am See herumlungern, abends mit Freunden durch die Lokale ziehen. An die Zukunft dachte ich nicht, noch weniger daran, was ich eigentlich studieren wollte, etwas mit Literatur sollte es schon sein, dazu vielleicht Sprachen. Aber zunächst einmal würde mich umsehen in Wien und dann die passende Entscheidung treffen. Von meinen Klassenkameraden wussten die meisten, was sie wollten, die Burschen tendierten zu Jus, die Mädchen eher zu Medizin, einige Wirtschaftler zeichneten sich auch schon ab. Die meisten wollten nach Graz, hatten bereits Wohnungen oder Plätze im Studentenheim, und die vier oder fünf, die sich ebenfalls für Wien entschieden hatten, mussten zunächst ihren Wehrdienst ableisten. Ich würde also ziemlich allein sein, umso besser: Das passte sehr gut in den Entwurf dessen, der zu sein ich mir vorgenommen hatte. Ein cooler Bursche, hart wie ein Kiesel. Ich konnte das Abenteuer, das mein Leben sein würde, kaum erwarten.

Zunächst aber holte ich mir in der Buchhandlung Winklers »Menschenkind«. Etwas an seinem Vortrag beim Bachmannpreis hatte mich nachhaltiger beunruhigt, als ich es mir nach dem Abklingen des ersten Schocks unmittelbar danach eingestehen wollte. Es hatte etwas mit dem Bild des Dorfes zu tun, das Winkler als einen Abgrund menschlicher Bösartigkeit und Verschlagenheit gezeichnet hatte, in dem archaische Rituale und finstere Zwänge den täglich unveränderten Ablauf der Geschehnisse beherrschen. Sein Dorf stand ganz und gar in der patriarchalischen Macht der Alten, die Kinder waren in das Krepierhalfter zermürbender Arbeit und körperlicher Gewalt gespannt, das ihnen von ihren Vätern angelegt wurde, die es wiederum von den Großvätern übergeworfen bekommen hatten.

Mein Dorf sah anders aus, es war ein sommmerlicher

Ferienort, der von Onkeln und Tanten bewohnt war, die einen zum Traktorfahren auf die Felder mitnahmen, von denen man sich, wenn die Nachmittage zu heiß wurden, in die kühlen Wälder stehlen und bis zum Abendläuten nach Pilzen oder fantastischen Schätzen suchen konnte. Die Bäche waren voller Fische, von denen man keinen fing, und mit ein bisschen Geschick und der Hilfe gewitzterer Cousins waren rasch kleine Staudämme erbaut, die das Wasser auf die angrenzenden Kleewiesen laufen ließen und ordentliche Sauereien anrichteten. Im Herbst wurde geschlachtet, und das war ein Fest: Das erbärmliche Quieken der Schweine, die ihr Ende spürten, wenn sie aus dem Koben gelockt und zum Schlachter gezerrt wurden, klang mir nie bedrohlich, in ihrem sprudelnden Blut, das in weißen Blechschüsseln aufgefangen wurde, roch bereits die schwarze Wurst, die daraus gerührt wurde. Die grausamen Scherze der Erwachsenen berührten mich nicht: Als sich einmal eine Sau den brutalen Griffen ihrer Mörder entwand und irre vor Schmerzen, die ihr der schlecht angetragene Bolzenschuss zugefügt hatte, durch das Dorf galoppierte, war das erst recht ein Spaß, der in einer kollektiven Jagd nach dem armen Tier gipfelte, dem nach einiger Aufregung endgültig der Garaus gemacht wurde. Mein Dorf war ein derber Spielplatz, aber eine Idylle. Ihre Oberfläche schien mir aufregend genug, etwas anderes als den Grund für meine Unterhaltung darunter zu vermuten, wäre mir nicht eingefallen.

Bei Winkler las ich, wie sich zwei Dorfjungen an einem Trambaum erhängten: »Sie schlangen das Seil um ihn und verknoteten die beiden Seilenden hinter ihren linken Ohren. Der Nerv des Strickes zuckte. Ihre Hände flochten sich zu einem Zopf ineinander, immer schneller im Kreis sich drehend wirbelten sie wieder auseinander und kamen vor ihren blutunterlaufenen Augen zum Stehen.« So beginnt »Menschenkind«, und mit dem ersten Satz dieses Buches, das ich während der langen Wochen meines letzten völlig in Kärnten verbrachten Sommers am See immer wieder las, abgestoßen und angezogenen zugleich, begann auch eine tiefer als bis dahin greifende Auseinandersetzung mit meinem Herkunftsland, von der ich ahnte, dass sie schmerzhaft und langwierig werden sollte. Bisher war Kärnten ein dumpfes Unbehagen, dem man sich entziehen konnte, Italien war ja nah mit seinen verzauberten Plätzen, Slowenien ebenfalls, Frankreich blitzte schon etwas ferner herüber und alles war verbunden durch das Mittelmeer, dessen funkelnder Duft seit Kindheitstagen von Unbeschwertheit und Leichtigkeit sprach. Wenn einem Kärnten zu lästig wurde, konnte man in zwei Stunden das Meer erreichen, und überhaupt: Wer hinderte einen, ganz fortzugehen und nie mehr wieder zu kommen?

Je länger ich in Winklers erstem Buch las, umso stärker wuchs in mir der Verdacht, dass es kein von Bürden gänzlich freies Fortgehen gibt und dass Schreiben auch bedeuten kann, diese zu benennen und zu ordnen, um wenigstens die quälendsten abwerfen zu können. Mein Kärnten, so ahnte ich, lag mir schwerer auf der Seele, als ich es zugeben mochte, wenn ich mich über die seit Jahrzehnten regierende SPÖ und ihre in Feudalherrenmanier auftretenden Vorsitzenden oder den zugleich durchs Land wehenden Weihrauchdunst lustig machte. Winkler, das war mir bald klar, rührte an die Ursache darunter und zugleich den Schlamm auf, der auf dem Boden seiner Existenz lag. Er war mutiger als ich, er griff mit beiden Händen hinein, wo ich bloß leicht darüberwischte, stets besorgt, mir die Finger schmutzig zu machen. Er hatte Angst und schrie sie heraus, ich verschwieg und verdrängte sie, er wusste, was Arbeit an seinem Talent bedeutet, ich scheute davor zurück, kurz: Er schrieb, ich las. Vorderhand genügte es mir, mich an seinen schwachen Sätzen zu freuen und mir einzureden, das könnte ich auch und besser. »Ich sehe die Sprache vor lauter Wörtern nicht« – lächerlich, so etwas Schlechtes hätte ich nie zu schreiben gewagt. Doch Winkler wagte es, er schien beim Schreiben keine Furcht zu kennen und ein völlig anderer zu sein als der, den er beschrieb, und siehe da: Im Gesamtgefüge der starken, von poetischer Kraft strotzenden Passagen seines Erstlings lösten sich die schlechten Sätze auf, gaben dem Licht Schatten und machten sein erstes Buch zu dem, was ein Autor nur wünschen kann: Zu einem großen, hoffnungsvollen Versprechen. Mit dem sicheren Wissen, dass Winkler kein Scharlatan war, übersiedelte ich nach Wien.

Dort entwickelten sich die Dinge allerdings völlig anders als erhofft. Wien hatte zu meiner großen Verwunderung nicht auf mich gewartet, es nahm mich nicht mit offenen Armen auf. Die Stadt war weiter als jede andere, in der ich bisher gelebt hatte, und meine vereinzelten Ferienaufenthalte in ähnlich großen Städten hatten mir kein bisschen Routine eingebracht, die mir den Einstieg in Wien erleichtert hätte. Ich hatte das Gefühl, sogar die einfachsten körperlichen Bewegungen wie Gehen und Laufen neu entwickeln zu müssen. Ganz zu schweigen von den geistigen: In den meisten Einführungsvorlesungen – ich hatte mich schließlich für Deutsche Philologie und Anglistik entschieden – saßen mindestens zehn Studenten, die besser Bescheid wussten als ich, mehr gelesen hatten, theoretisch gesattelter und praktisch gefestigter, vor allem aber quicker und beweglicher waren. Mein literarisches Wissen glich einer ungeordneten Müllhalde, aus der in jeder Epoche, jeder Literatur einige solitäre Trümmer herausragten, mein philosophisches Rüstzeug war bestenfalls marginal, und in zeitgenössischer österreichischer Literatur war ich eine Niete. Dazu wechselte ich die Studienrichtungen wie die Hemden, einige Wochen lang war ich angehender Jurist, dann Mediziner, dann wieder Architekt, was bei meinen mathematischen Vorkenntnissen eine besondere Frivolität darstellte. Lediglich die Vorlesungen in Neuerer Literatur besuchte ich regelmäßig, und nach einer intensiven Begegnung mit den Schriften John Bergers gesellte sich schließlich dauerhaft Kunstgeschichte dazu. Die Anglistik hatte ich nach einigen versäumten Konversationsübungen, bei denen die Anwesenheit pedantisch kontrolliert wurde, leichten Herzens sausen lassen. Ich ging daran, systematisch zu lesen und mit der Zeit begann sich das Chaos zu lichten, obwohl ich nach wie vor zu chaotischen Zugängen neigte: Einmal las ich einen faszinierenden Satz Arno Schmidts, ging sofort in die Stadtbücherei, holte mir sein gesammeltes Werk und verließ zehn Tage lang mein Zimmer nur zur

Verrichtung der nötigsten körperlichen Bedürfnisse. Dann war ich mit Schmidt durch, blickte auf und sah erstaunt, dass die Welt noch immer da war, die Bäume grün leuchteten und das Bier gut schmeckte.

Winklers Bücher ließen mich weiter nicht los. 1980 erschien »Der Ackermann aus Kärnten«, und in der Systematik, mit der Winkler die Konturen des kreuzförmig angelegten Dorfes beschreibt, Haus um Haus abschreitend, seine Tiere, Kinder, Kruzifixe aufzählend, erkannte ich ein wenig von meinem eigenen Drang, den Angelegenheiten, die mir wichtig schienen, eine fassbare Form zu geben. Manchmal fielen mir seine Beschwörungen, sein manisch anmutender Zwang, sich sein Leben vom Leib zu schreiben, auf die Nerven, ebenso die unaufhörliche Umkreisung der Figur seines Vaters. Als ich las, er lebe in einem Gefängnis, das er sich selbst errichtet habe und in dem die Sprache sein Wärter sei, wollte ich Winkler zurufen: »Geh fort aus deinem ewigen Dorf da unten, verschwinde aus Kamering und Klagenfurt, fahr nach Wien oder Venedig oder Rom, sieh bloß zu, dass du weiter kommst.« Zugleich glaubte ich zu erkennen, dass er ohnehin bereits ausgebrochen war und seine Flucht aus der grausamen Banalität des Dorflebens, die Loslösung von der Gewalttätigkeit des Vaters weniger durch den Akt des Schreibens als durch die Form des Geschriebenen, also im Geschriebenen selbst erfolgte: Die endlosen Hasstiraden, die religiös gefärbten Metaphernfolgen und ihr Assoziationsinventar aus homoerotischen, nekrophilen und von katholischen Devotionalien abgepausten Bildern waren der Versuch, das Erlebte aus dem Leben auszugrenzen und an den neutralen Verhandlungsort der Literatur zu verlagern. Das erforderte eine schamlose Authentizität, für die ich Winkler bewunderte, ebenso wie ich seine Verweigerung von Kindheit an bewunderte, sich den Dorfriten zu unterwerfen. Ich hätte das nicht einmal bei meiner vergleichsweise lächerlichen Sauhatz riskiert. Er aber stellte sein Dorf an den Pranger der Literatur und gab die Bewohner der Kenntlichkeit preis. »Das werden sie ihm nie verzeihen«, dachte ich, als ich den Ackermann aus der Hand legte. »Er hat sie verraten.«

Nach Kärnten fuhr ich in meinem ersten Wiener Jahr dennoch oft, danach weniger. Die Konturen und Geschichten des Landes sah ich durch meine frisch erworbene Wiener Brille teils schärfer, teils weniger detailliert, jedenfalls aber umfassender und in jeder Hinsicht verhältnismäßiger, wenn auch noch lange nicht entspannter: Zumindest stimmten nun die Proportionen, und allzu groß wollte mir mit der Zeit kein Ereignis dort unten mehr erscheinen, mochte es im Land selbst noch so riesig wirken. In den Sommern der nächsten Jahre versuchte ich so oft wie möglich in Italien zu sein, mein Zweitfach Kunstgeschichte und besonders eine neu erwachte Liebe zur italienischen Architektur und Malerei machten es mir leichter, die ständigen Unkenrufe meines notorisch schlechten Gewissens, ich vernachlässige mein Hauptfach, zu überhören. Winklers letzten Band der Trilogie vom wilden Kärnten, das 1981 erschienene »Muttersprache« hatte ich bloß überflogen und rasch weggelegt.

Die Sprache, die mich jetzt fesselte, war italienisch, ich lernte rasch und vergaß viel davon ebenso rasch, denn wieder war ich zur Oberfläche aufgetaucht und in der Gier, nach zwei, drei Jahren der Vertiefung möglichst viel zu sehen und zu erleben, wuchsen auf dem gerade eingeebneten Trümmerfeld meiner Halbbildung neuerlich die Halden. In Venedig lief ich dem frühen Naturalisten Vittore Carpaccio in die Arme, weil mich sein Rot faszinierte und das dünn geschnittene Rindfleisch in Erinnerung daran nach ihm benannt war. In Florenz waren es Bramante und der Dom, besonders aber das Fußballstadion, in dessen Nähe ich wohnte, die mich länger festhielten als es dem geregelten Verlauf meines Studiums gut tat. 1986 reiste ich nach Palermo, wo meine damalige Freundin eine Famulatur an einem Krankenhaus absolvierte. Es war die Zeit der ersten großen Mafiaprozesse, die Stadt glich einer belagerten Festung. Über dem ganzen Land lag ein mit Händen fassbarer Schleier der Gewalt und Unterdrückung, stündlich heulten die Sirenen der Polizeiautos, schwer bewaffnete Carabinieri patrouillierten durch Palermo, eine Razzia jagte die andere. Das gewalttätige Klima schien auch auf uns abzufärben, wir stritten und schlugen uns, liebten uns in den immer seltener werdenden Augenblicken der Eintracht umso leidenschaftlicher, was uns doch nur unmissverständlich vor Augen führte, dass unsere Beziehung am Ende angelangt war. Einmal landeten wir zwischen unseren Streitereien in der Gruft der Kapuzinerkirche und sahen uns dort die bizarre Ausstellung mumifizierter Leichen der Patres, hohen geistlichen und weltlichen Würdenträger sowie ihres Anhanges an, die hier in vollem Ornat und prächtiger Festtagstracht seit Jahrhunderten auf die

Auferstehung des verdorrten Fleisches warten. Wir blickten in Kinderfratzen, die vom ewig frischen Ausdruck der Todesangst verzerrt waren, in lethargische Bischofsgesichter, die das Ende mit dem blasierten Wissen um ein sicheres Weiterleben erwarteten, und konnten uns vor Lachen nicht halten: Das also bleibt, wenn man das Fleisch nicht gehen lässt – ein groteskes Theater verschrumpelter Menschenpuppen.

Ich begegnete ihnen wieder, als ich es schon nicht mehr erwartet hätte. Ein Bekannter hatte mir einen Auszug aus Winklers »Friedhof der bitteren Orangen« zugeschickt, in dem eine Szene in einem römischen Fleischerladen beschrieben wird. Wie von selbst blitzte in meiner Erinnerung das satte Rot der Bilder Carpaccios auf, ich besorgte mir das Buch, und, siehe da: Auf dem Bildeinband baumelten die Palermiter Bischöfe von der Decke wie San-Daniele-Schinken zum Selchen, bloß waren jene um einiges ausgedörrter und dürrer. Vielleicht sind es ja solche billig gestrickten Assoziationsketten, die unsere Zuneigung zu einem besonderen Buch wecken und für die der Autor gar nichts kann. Meine Empathie war jedenfalls geweckt und sie verstärkte sich bei der Lektüre noch.

Hier war etwas gänzlich anders geworden an Winklers Schreiben – nicht sein Äußeres, sondern etwas tief Inneres. Erstmals hatte Winkler sein wildes Kärnten verlassen und die Handlung einer Erzählung ins Ausland, nach Rom, verlegt. Wohl begleiteten ihn die Dämonen seiner vorhergehenden Geschichte, nahm er die Versatzstücke des dörflichen Lebens und seine religiösen Zwänge mit auf die

Streifzüge durch Rom. Wie in seinen vorangegangenen Erzählungen wechseln einander lange, in ihrer Monotonie an Gebetsformeln gemahnende Passagen mit kürzeren Erzählsegmenten ab: erstere verarbeiten vorzugsweise religiöse Motive, an die längere und kürzere Bruchstücke aus der katholischen Liturgie eingebaut sind, zweitere teilen, prosaisch verkürzt, Erleben und Reflexion des Autors, also die eigentliche Story, mit. Dazwischen tauchen immer wieder, kursiv gedruckt und vom übrigen Text abgehoben, verschieden lange Gebetspassagen und Beschwörungslitaneien auf. Und trotz des auf die Reise mitgeschleppten Kameringer Inventars, trotz deutlicher motivischer und sprachlicher Parallelen gelingt Winkler hier, so wird rasch klar, der entscheidende Schritt zur Überwindung der Kärntner Obsessionen, die bis dahin sein Schreiben prägten. Das zeigt sich bereits in der Konzeption des Buches: Der »Friedhof« heißt so, weil er Stätte eines schrecklichen Rituals ist. In 365 Gruben werden auf dem Armenfriedhof die Toten des Tages begraben. Über Jahre hinweg entsteht so, Schicht für Schicht, ein Totenacker, aus dem laut Volksmund Orangenbäume wachsen, deren Früchte bitter schmecken. Winklers formaler, ebenso einfacher wie genialer Kunstgriff liegt nun in der Adaptierung der Friedhofsarchitektur als Rahmen und Gerüst seiner Erzählung: Er schaufelt seinen literarischen Friedhof, indem er seine Lieblings-Toten beisetzt – eine orgiastische Bestattungsfeier für die Geister, die er in Kärnten nicht los werden konnte.

»Ich bin dabei, meine Kindheit, die sich zwischen zuckenden, blutigen Hahnenköpfen, trottenden Pferden, tänzelnden Kalbstricken bewegte, zu ermorden. Ich werde das Kind, das ich war, umbringen, damit einmal, wenn auch erst auf dem Totenbett, meine Kinderseele zur Ruhe kommt«, schrieb Winkler schon 1977 in »Menschenkind«. Er ist ganz knapp daran, dachte ich, als ich den »Friedhof« zu lesen begann, »es wird ihm tatsächlich gelingen.« Zum ersten Mal hatte ich das Gefühl, Winkler habe sich etwas Abstand zu seinen Kindheitserlebnissen und Ängsten erschrieben.

Vor allem die Passagen, die seine Homosexualität behandeln, bekommen durch die Fähigkeit zu distanzierterer Betrachtung eine neue ästhetische Qualität. Einmal schildert Winkler beispielsweise eine Szene am Strand vom Ostia, die in ihrer Dichte und kühlen Exaktheit der Beobachtung an Pasolini und Moravia erinnert. Heimgesucht von den immergleichen Obsessionen, aber nicht mehr davon überwältigt – so tritt ein neuer Winkler auf, einer, der Souveränität ausstrahlt, der neue Erzählbarkeiten gefunden und so sein Kamering endlich hinter sich gelassen hat. Erstmals sendet Winkler in seinem römischen Buch Versöhnungssignale an seine Familie, speziell an den Vater, aus: Er erwacht aus einem Traum, in dem er das Sterbebett seines Vaters besucht und beschließt, in seinem italienischen Zimmer dem Rauschen des Meeres lauschend, »wieder einmal im Elternhaus« anzurufen und zu fragen, »ob noch alle am Leben sind«. In der nur 17 Zeilen kurzen Episode offenbart sich die Distanz, die Winkler bis zu diesem Punkt zurückgelegt hat: In keinem seiner Bücher konnte er das Schuldgefühl seinem Vater gegenüber so knapp, formvollendet und berührend ausdrücken und die Vielschichtigkeit dieses komplizierten Verhältnisses in so präzisen Worten einer in den Traum verlegten Vorausdeutung festhalten: Als der Sohn zu spät am Sterbebett eintrifft, öffnet der tote Vater noch einmal seine Augen, um ihn »entschuldigend« anzublicken, und stirbt dann noch einmal. In dem darauf folgenden Ausspruch seiner Schwester (»Jetzt ist er tot, jetzt wirst du über ihn nicht mehr schreiben, jetzt wirst du kein Buch mehr schreiben können«) sind Winklers lebens- und schaffensbestimmende Ängste und Hoffnungen zusammengefasst: sein Wunsch, den Vater in der Literatur zu beseitigen und die Angst vor seinem physischen Verschwinden, das ihn seines stärksten literarischen Antriebes berauben könnte. Ein kalter Schauer überlief mich, als ich das las, und eine böse Ahnung.

Doch die wich rasch der Faszination, wie abgeklärt Winkler aus der Entfernung seines vorläufigen Exils die Flucht aus Kamering in die allen Phantasien offen stehenden Räume der Literatur schilderte, seinen Weg aus der dörflichen Enge in das nur unwesentlich weiter entfernte Klagenfurt beschrieb und seine Zeit in der Stadt, in der wir ihn nur am Rande wahrnahmen bis eben zu seinem Erscheinen beim Bachmann-Preis. Die Verachtung und Unterdrückung, die er seinem Schreiben zufolge nach hier erlebte, unterschieden sich nur unwesentlich von der Brutalität der Kameringer Dörfler. In seinem römischen Buch ist das alles aufgeführt, immer wieder lösen einander Momente aus dem römischen Alltag, Ergebnisse seiner Beobachtungswut und Erinnerungen, Rückblicke und legendenartige Einschübe ab, die teils religiösen Inhalts, teils dem Volksmund entlehnt sind.

Schließlich kommt Winkler im letzten Drittel des Buches zu einem souveränen Ende und verstärkt die Erinnerungsebene, auf der seine Kärntner Erlebnisse dominieren. Rom und Italien als die den Erzählstrang beherrschenden geographischen Koordinaten verlieren an Bedeutung, Kamering und Kärnten treten plastischer hervor: Überwunden, dachte ich, als ich soweit gekommen war, er hat es tatsächlich überwunden und ein leichtes Gefühl des Neides darüber, wie abgeklärt er nun erzähltechnisch agierte, mischte sich in die ehrliche Freude, dass er ganz offensichtlich am Ziel war. Kein anderes seiner Bücher vermittelte mir so deutlich diesen Eindruck oder zumindest, dass sich der Autor bewusst ist, die schwierigste, gefährlichste Etappe erfolgreich bewältigt zu haben. Der Ausbruch aus der provinziellen Not seiner Kärntner Jahre – mit diesem Buch war er endgültig geschafft, und aus seinem bekenntnishaften Resumee las ich zu gleichen Teilen die Reflexion eines jahrelangen Kampfes um diese Überwindung und schriftstellerisches Programm, ein Protokoll der Loslösung von Kärnten mittels der in diesem Kampf erworbenen literarischen Qualitäten. Die Erzählphasen, die seine Jugend- und Kinderzeit umfassen, sind durch thematische und zeitliche Raffung klar strukturiert und geschickt an den Hauptstrang der Erzählung geknüpft, der aus Winklers römischen Erlebnissen und Reflexionen besteht. Als Verbindungsscharnier, das die kärntner mit der römischen Ebene verbindet, hat Winkler Film- und Literaturzitate eingesetzt: oft genügt so ein einziges Wort, um von einer zeitlich in der Erzählgegenwart angesiedelten Begebenheit in die Vergangenheit zu wechseln.

Diese rasante thematisch-zeitliche Raffung innerhalb der Verknüpfung war nur ein Hinweis auf Winklers enorm erweitertes technisches Erzählpotenzial, der mir auffiel. Die wechselnden Erzählweisen, Synchronisierungen verschiedener Zeitläufe, Vorausdeutungen und Rückgriffe gaben der Erzählung durch ihre virtuose Handhabe einen Rhythmus, dessen Zäsuren den Taktstrichen eines vielstimmigen Musikstückes vergleichbar schienen. Ich las und sah, las weiter und begriff, welchen Reifeprozess Winkler seit dem eruptiven Beginn, den formal von inneren Monologen beherrschten Anfangswerken bis zu seinem römischen Buch durchgemacht hatte. »Siehst du«, sagte ich zu mir selbst, nun ohne jedes Gefühl des Neides, »das kannst du nicht und hättest es auch nie gekonnt.« Ich saß in Wien in einem Garten, als ich die letzten Zeilen las, und erblickte Josef Winkler in der Ferne an einem Punkt angelangt, an dem ein längeres Verweilen in Frieden möglich geworden schien und ein geordneter Aufbruch wahrscheinlicher als wilde Flucht.

Der zerborstene Spiegel

Immer, wenn ich an Huckleberry Finn denke, diese hellste Figur der amerikanischen Literatur, frage ich mich, warum ich die Schatten der Moderne, die auf sie fallen, nicht beachten will. Vermutlich schimmern die Flusslandschaften, die Mark Twain seinen Helden durchwandern lässt, zu verlockend herüber und bilden nicht bloß den äußeren Rahmen einer Erzählung im für heutige Ohren so unschuldig klingenden Ton des 19. Jahrhunderts, sondern erinnern auch an das Versprechen, das dieses Jahrhundert mit einiger Anstrengung und Berechtigung noch glauben mochte: Dass jeder Bürger sein Anrecht auf Glückseligkeit in diesem Leben habe und, gespeist aus den unerschöpflich scheinenden Ressourcen dieses großen, wilden Landes, Zugang zu den Mitteln, sie zu erlangen.

Mag sein, dass die Wolken, die bisweilen Huck Finns sommerwarmen Mississippi verdunkeln, über eine Landschaft ziehen, an deren Oberfläche die ersten Anzeichen ihrer begrenzten Ausbeutbarkeit bereits sichtbar werden. Wahrscheinlich wirkt das setting der beiden großen Abenteuerromane Mark Twains, Tom Sawyer und Huckleberry Finn, auf uns ein wenig so wie die alten, noch in Schwarzweiß gehaltenen Filme, die den Moment des Zurruhekommens einer jungen Nation beschreiben, den kurzen paradiesischen Augenblick des inneren Stillstandes und Rastens nach der ungestümen Eroberung des Kontinents: Als zwischen dem haltlosen Aufbruch und der Erstarrung in verspießerten Vorstadthöllen noch ein Dasein in einer Art von Integrität möglich schien, die ihre Kraft aus allgemein akzeptierten gesellschaftlichen Wertvorstellungen bezog – so hinterfragbar diese auch sein mochten. Thornton Wilders »Our town« fällt dazu spontan ein, besonders die Verfilmung, die noch viel hartnäckiger der sentimentalen Glorifizierung des Lebens einer Kleinstadt in Neuengland anhängt als die literarische Vorlage. Die Handlung des Stücks, das 1938 uraufgeführt und in den 40er Jahren verfilmt wurde, spielt von 1901 bis 1913. Sie bezieht ihre Beschwörungskraft der kleinbürgerlichen Idylle auch aus einer retrospektiven Position, die am Ende der 30er Jahre über ein von Wirtschaftskrisen und gesellschaftlichen Umbrüchen erstmals in seiner Glaubenssubstanz erschüttertes Land zurückblickt, das sich gerade noch einmal in Roosevelts New Deal gerettet hatte oder, genauer gerade noch einmal von ihm gerettet wurde. Bei Mark Twain ist dagegen alles noch erleuchtet, frisch wie am ersten Schöpfungstag, die Gewitter ziehen vorüber und geben den Blick frei auf ein Bühnenbild des amerikanischen Südens, in dem alle Versatzstücke und Kulissen schon an ihrem Platz sind. Alle Großen der Südstaatenliteratur wie William Faulkner, Truman Capote oder Carson McCulles haben zumindest einen Blick darauf riskiert und ihre Schlüsse daraus gezogen.

Anders als Wilder lässt Mark Twain Sentimentalitäten erst gar nicht aufkommen. Sein Huckleberry Finn ist keine

Idyllenmalerei, sondern die handfeste, frisch und unverblümt erzählte Geschichte einer »rite de passage«, in deren Verlauf der Junge zum Mann wird und die nichts weniger als den Übergang der amerikanischen Literatur zum Erwachsensein markiert: »Aus diesem Roman ist die gesamte neuere amerikanische Literatur hervorgegangen«, schreibt Ernest Hemingway in »Die grünen Hügel von Afrika« über den Huckleberry Finn. Tatsächlich bilden die 43 Kapitel des Buches einen bis heute ausgebeuteten Steinbruch an Themen, Bildern und Motiven, die nur wenig von ihrer ursprünglichen Kraft verloren haben.
Truman Capote beispielsweise hat das eskapistisch unterlegte Motiv der Vatersuche und Selbstfindung aufgenommen und 1948 in »Andere Stimmen, andere Räume« zu einem bedrückenden Kammerstück einer Gesellschaft zusammengefasst, die sich aus den Konventionen der Zeit des amerikanischen Bürgerkrieges nicht befreien kann und langsam an ihnen erstickt. Bei Capote übersiedelt der 13-jährige Joel Knox in das Landhaus seines bis dahin verschollenen Vaters und taucht in eine pittoreske Szenerie des Verfalls und der Dekadenz ein: Der lang herbeigesehnte und kindlich verklärte Vater entpuppt sich als ein im Schwachsinn verdämmernder Südstaaten-Landlord, der weibische Vetter Randolph hat, gefesselt von Langeweile und Lebensekel, das Haus noch nie verlassen und träumt sich eine Existenz als Künstler herbei, die Stiefmutter Amy taumelt zwischen wechselnden Anfällen echter Hysterie und falscher romantischer Verstiegenheit. Mit Hilfe seiner neuen Freundin Idabel, einer bemerkenswert gefestigten

Person in diesem reissenden, von Untiefen echten Wahnsinns gesäumten Strom psychischer Labilität, plant Joel bald die Flucht, die schließlich als jämmerlicher Ausreissversuch auf einem grellen Jahrmarkt endet. Die Verhältnisse erweisen sich als unüberwindbar, das randolphsche Lebensprinzip, die prophylaktische Resignation hat über die kurz aufflackernde Lebensgier Joels gesiegt.

Ähnlich wie Joel ist auch Huck Finn zeit seiner Fahrt auf dem Mississippi auf der Suche nach seinem Vater, vor dem er andererseits flieht – ein im Kleinen nachgebildetes individuelles Los, das auf das Herkunftstrauma einer zu rasch gewachsenen, vaterlosen Nation verweist. Anders als in Capotes schwülem Psychogramm des müde und widerstandslos auf sein Ende zutreibenden Südstaatenadels strotzen Twains Protagonisten jedoch noch vor Kraft und Unternehmenslust – und sei es einer, die sich im Saufen und in den Prügeln erschöpft, die Hucks Vater seinem Sohn angedeihen lässt. Der alte Finn, Vagabund und Alkoholiker aus Leidenschaft, macht seinen Sohn endgültig zum Außenseiter, indem er ihn aus der Obhut seiner kurzfristigen Pflegeeltern hinaus in die Wildnis am großen Fluß entführt. Damit wäre Huck prinzipiell ohne weiteres einverstanden, wären da nicht die täglichen Schläge und die Gefangenschaft in einem Verschlag der Jagdhütte, in der die beiden hausen. Unwillkürlich denkt man an Paul Austers »Mr. Vertigo«, dessen Anfang ebenfalls einen Akt individueller Freiheitsberaubung inmitten einer das absolute Gegenteil symbolisierenden Natur beschreibt. Bei Auster sind es weite Prärien, bei Twain die Aulandschaften am Strom – an sich ein Synonym des Lebens, Vergehens und der Wiederkehr –, die zu Ausgangspunkten für einen Aufbruch ganz anderer Art werden. Sowohl Austers als auch Twains jugendlicher Held erfinden und erschaffen sich unter Schmerzen neu: der eine, indem er unter den Prügeln seines Lehrers und Meisters die Levitation erlernt, der andere, indem er seinen gewaltsamen Tod vortäuscht, um den Nachstellungen des Vaters zu entgehen. Hier wie da beginnt der langwierige Prozess der Selbstfindung mit einer Erfindung, die sich in der inzestuösen Tötung des früheren Ichs der beiden Helden manifestiert und den Beginn der Reise in das neue Leben kennzeichnet.

In beiden Fällen wird, und das ist einer der liebsten Topoi der amerikanischen Literatur, eines klargestellt: Der Außenseiter ist eine Kunstfigur, die sich mindestens im selben Maße selbst schafft, wie sie von der Gesellschaft geschaffen wird. Huck Finn erfindet sich als Streuner, indem er in einem vorgeblichen Gewaltakt sein früheres Ich tötet: Nur so gelingt es ihm, die repressive Kraft einer konformistischen Gesellschaft zu überwinden, die ein Leben abseits ihrer Regeln nicht duldet – und auch die individuelle Gewalt, die sein Vater genau aus den gegenteiligen Motiven an ihm übt. Die Überwindung der Ausbeutung durch viele oder einzelne kann, so wird Huck rasch klar, nicht in politischen oder religiösen Verheißungen liegen, sondern einzig in einem strikten, alle familiären und sozialen Bindungen lösenden Anarchismus. Dass dieser nicht in unendliche Freiheit und unbeeinspruchte Selbstbestimmung mündet, ist eine der großen, in warmem und humorvollem Ton vorgetragenen Botschaften des Buches. Bis zur letzten Zeile wird sein humaner Gehalt vermittelt – die Hoffnung Amerikas auf die Erfüllbarkeit seines Traumes, der die größtmögliche individuelle Selbstbestimmung in weitestgehender kollektiver Sicherheit verspricht. Huck Finn betritt die Geschichte als Unwissender und verlässt sie als Ahnender und bis zuletzt Hoffender, dass sich seine Idee von Freiheit irgendwo als lebbar erweisen wird – vielleicht sogar in des »indian terrritories« im Westen, zu denen er am Schluß aufbricht.

Die Sehnsucht und das Streben nach einem von Zwängen und Vorschriften befreiten Leben ist das ästhetische Hauptmotiv dieses großen Romans. Gerade dieses Motiv habe Mark Twain durch die völlig misslungene Auflösung der Befreiung des schwarzen Sklaven Jim desavouiert, lautet ein mit der in den 30er Jahren des 20.Jahrhunderts einsetzenden ernsthaften Rezeption oft wiederholter Vorwurf. Die klamaukhafte Inszenierung des Rettungsversuches werde dem Gewicht dieses ernsten Themas nicht gerecht, so die Kritik. Aus diesem zweifellos berechtigten Einwand jedoch abzuleiten, dass Huckleberry Finn rassistische Literatur sei und ihre Verbannung aus den öffentlichen Bibliotheken zu fordern, wie es 1988 geschah, läßt tief in die seelische Verfasstheit der USA blicken und offenbart ein gerütteltes Ausmaß an Deformation des politischen und ästhetischen Bewusstseins. Wer Ausdrücke wie »Nigger« in diesem Roman aus dem historischen Kontext herauslöst, um damit seinen Rassismus-Vorwurf zu untermauern, wer nicht fähig ist, Text- und Handlungszusammenhang herzustellen und zu erkennen, dass die Taten des 13jährigen Huck Finn in genauem Gegensatz zu seinen Aussagen stehen, wer den Metatext der Erzählung nicht sieht, hat einen der wesentlichen Romane der Weltliteratur nicht verstanden und seinen Verfasser schändlich verkannt. Die Rassismus-Debatte, die Huckleberry Finn ausgelöst hat, lässt das eine vermuten und damit das andere beweisen.

Man kann Huckleberry Finn in mancher Weise lesen, nicht jedoch als rassistisches Pamphlet. Man kann ihn als Abenteuerroman verstehen, als Initiationsgeschichte und Entwicklungsroman, der allerdings keine Läuterung des Helden nach europäischem Vorbild mit sich bringt. Huck Finn ist kein Parzifal, und am Ende seiner Flußfahrt wohl älter und reicher an Erfahrung, aber gewiss nicht gesetzter oder im moralischen Sinn besser geworden. Das als Schwäche anzusehen, wäre allerdings eine exklusive Besonderheit europäischer Betrachtungsweise, genauer, eine ignorante Kurzsichtigkeit: Gerade der offene Schluss, mit dem Huck Finn die Umsetzung seiner persönlichen Unabhängigkeitserklärung ankündigt (»vielleicht im Indianerterritorium«) macht den Roman zu einem zentralen, weil stilbildenden Stück amerikanischer Literatur. Bis hin zu ephemeren Hervorbringungen der US-Kultur wie den »Dirty Harry«-Filmen ließe sich die Wirkungsmacht des open end einer Erzählung nachweisen, das natürlich ein Neubeginn sein will.

Die Hoffnung, die damit vermittelt wird, ist längst hohl geworen. Das steht jedoch auf einem anderen Blatt – auf einem, das die fesselndsten heutigen US-Autoren als

Schreibunterlage für die Geschichten verwenden, die vom Scheitern dieser Hoffnung und damit vom bevorstehenden Ende des amerikanischen Jahrhunderts erzählen. Unter diesen Autoren ragt besonders einer hervor: Cormac McCarthy.

In seinem Werk, dessen vorläufigen Höhepunkt die 1998 vollendete »Border Triology« bildet (»All die schönen Pferde«, »Grenzgänger«, »Land der Freien«), sind alle Personen und Versatzstücke des amerikanischen Welttheaters noch einmal versammelt: Die Außenseiter und Trunkenbolde, die großen Liebenden, Spieler, Huren und Mörder, die zahllosen Träumer und Hoffenden treffen auf die wenigen Sieger und Mächtigen, die sich am Ende als ebenso Betrogene herausstellen. Der einziger Vorteil, den sie gegen die Gedemütigten ausspielen, die zu ihren Füßen liegen, ist die Kraft, sich geringfügig über sie zu erheben. McCarthy läst seine Protagonisten durch die Kulissen des amerikanischen Südens und Südwestens irren, die in wortmächtigen Metaphern aufgebaut werden. Sie suchen die gewaltigen Landschaften nach Hinweisen auf ihr Schicksal ab und sinken in alptraumhaft beschleunigenden Spiralen der Gewalt und Grausamkeit auf den Boden ihrer Existenz ab, die zuletzt ein Ende der Schmerzen, aber keinen Trost und keine Erlösung bereit hält. Zwar erinnern die Romane der Border Triology, deren erster, »All die schönen Pferde« McCarthy 1993 über Nacht berühmt und den zurückgezogen in El Paso lebenden Autor umgehend auf die Bestsellerlisten befördert hat – mit allen Risken dieses trivialisierten Genres –, streckenweise eher an die brav gemachten, aber doch recht einfach gestrickten Western eines Sam Peckinpah als an William Faulkner, James Joyce oder Walker Percy, mit denen McCarthy immer wieder verglichen wird. In einem seiner Frühwerke, dem 1965 veröffentlichten Roman »Verlorene« (im Original: »Suttree«) gibt sich McCarthy allerdings als später und legitimer Nachfahre Mark Twains zu erkennen. Seine Huckleberry-Finn-Paraphrase ist eine berührende und erschütternde Abwandlung des Themas vom Outlaw, der an seiner Anpassungsverweigerung zu Grunde geht.

Im Gegensatz zu Mark Twain, der seine Kindheitslandschaft im paradiesischen Glanz der Erinnerung erstrahlen lässt, lässt McCarthy dem Tennessee seiner Jugendtage, das er in dem Roman auferstehen lässt, keine Verklärung zukommen, im Gegenteil: Aus seiner Darstellung des gesellschaftlichen Klimas, der das frühe Nachkriegsamerika schuf, wird deutlich, wieviel davon bis heute nachwirkt und wie sehr dieses Klima die heutige moralische und ethische Verfassung des Landes mitbestimmt hat.

Knoxville ist eine typische Kleinstadt im Südstaaten-Amerika der 50er Jahre, die an den Rändern in schmutzigen Slums zum Fluß hin ausfasert. Dort und in den Favelas an den Hängen rund um die Stadt hausen die Schwarzen, die baufällig gewordenen Häuser der besseren Viertel vermodern im Gleichklang mit der verdämmernden Erinnerung ihrer weißen Bewohner an die feudaleren Tage des alten Südens. Im träge vorbeifließenden Tennessee-River treibt der Unrat aus allen Stadtteilen und vereinzelter Ausbruch der ausgewaschenen Kavernen dahin, die den Ort unterwandern, der über den mittlerweile aufgelassenen Stollen eines Bergwerkes errrichtet wurde. An diesem Fluß, in dem alles landet, was die Bewohner Knoxvilles gerne unauffällig verschwinden lassen wollen, wohnt Cornelius Suttree in seinem Hausboot, und er lebt vom Fluß: Die Fische, die er aus der stinkenden Kloake zieht, verkauft er in der nahen Markthalle, um den Erlös mit seinen Kumpanen, den Clochards, Trinkern und kleinen Gaunern zu versaufen, die im und vom Abfall leben. Aber anders als sie hat Suttree dieses Los selbst gewählt: Sproß einer der alten, wohlhabenden weißen Familien, hat er Frau und Kind verlassen und sich auf das dunkle, verwunschene Ufer geschlagen.

In der griechischen Sage dürfen die Geister der Verstorbenen den Styx nur gegen ein angemessenes Fährgeld überqueren: Hier, in dieser Unterwelt sind die Besitzlosen, Geächteten und Gescheiterten noch zu Lebzeiten gestrandet, und kein Obolus ermöglicht ihnen die Rückkehr aus dem Höllenschlund. Einzig Suttree wechselt, halb Charon, halb Odysseus, verschlagen und listig, immer wieder die Seiten – um den Preis, dass es ihm weder da noch dort gelingt, die Geister seiner Vergangenheit zum Schweigen zu bringen und seine Schuldgefühle zu verbannen. Denn Suttree fühlt sich schuldig von Geburt an, bei der sein Zwillingsbruder starb: Seither flieht er sein eigenes Überleben mit der ganzen Ausdauer und Energie, die andere – auch seine Familie – in die Befestigung ihrer bürgerlichen Existenzen investieren. Suttree dagegen verschläft seine Sommer am Fluß, der auch ihren Unrat vorüberträgt und versucht, die Eiseskälte der Winter, in der sein Boot festfriert, zu überleben. »In einer anderen Zeit hätte er ein Menschenfischer sein können«, heißt es, aber in diesem Bestiarium gibt es keine Seelen zu retten und wäre es anders, sie würden sich die Anmaßung verbieten. Er sei ja nicht ungläubig, egal was die anderen sagten, spricht einer der alten Vagabunden, der den Tod kommen spürt und Suttree bittet, seine Leiche zu verbrennen: »Hab immer an Gott geglaubt. Hab ihn bloß nie gemocht.«

In den Kreis dieser Verlorenen, die sich längst ergeben haben und widerstandslos dem Ende entgegen treiben, hat sich mit dem halbwüchsigen Gene Harrogate ein parzivalesker Tor verlaufen, der sich nicht von vornherein geschlagen geben will. Harrogate, zugleich unschuldig und verdorben, gerissen und naiv, hat sich Suttree als Vorbild, älteren Bruder und Beschützer erwählt und der kann gar nichts anders, als den Jungen, sein einfältigeres Abbild in nuce, vor den gröbsten Folgen seiner verrückten Abenteuer und Projekte zu bewahren, mit denen dieser endlich an das große Geld kommen will. Die Rettung liegt, so der unerschütterliche Glaube des einfältigen Harrogate, in seiner eigenen Kraft. Doch dabei übersieht er regelmäßig, dass die zu nicht mehr reicht als jämmerlichen Betrügereien und einem lächerlichen Einbruch, der ihn am Ende zwar ins Gefängnis bringt, aber doch vor Schlimmerem bewahrt: Denn mittlerweile hat unter Suttrees Genossen ein grausiger Totentanz begonnen, zu dem die Ordnungsmacht des weißen Knoxville den blutigen Takt schlägt, indem sie die aufflackernden Rassenunruhen dazu nutzt, ein für allemal mit dem arbeitsscheuen Gelichter am Fluß aufzuräumen

Dazwischen startet Harrogate noch eine aussichtslose Schatzsuche im aufgelassenen Bergwerk unter der Stadt, die ihn beinahe das Leben kostet.

Mit diesem Zitat schließt Cormac McCarthy den Kreis zu Mark Twain. Es ist eine sehr zarte Berührung, so gar nichts mehr hat McCarthys Blick auf Amerika mit dem Twains zu tun. Obwohl sein romantisches Image als glücklich ungebundener Zugvogel schon bei Twain nicht mehr funktioniert, hat der outlaw dort noch die Chance auf einen Platz am Rande, eine Freistatt, die ihm nicht streitig gemacht wird von den Guten, Strebsamen, Angepassten. Er ist einigermaßen sicher vor ihrem Misstrauen, vor ihrem Neid und besonders vor ihren Nachstellungen, solange er ihnen aus dem Weg geht und ihrer Geschäftemacherei nicht in die Quere kommt. Wer auf diesem einzig verbindlichen und von allen frequentierten Trampelpfad zur Erfüllung des american dream stockt oder in die entgegengesetzte Richtung strebt, wird unter der Stampede der Glückssucher begraben, die über ihn hinwegfegt. Also runter vom Weg und abseits in die Büsche geschlagen – das ist bei Twain noch möglich, dafür ist hier noch Platz. In McCarthys Amerika ist der Raum in jeder Hinsicht eng geworden. Zu seinen Helden hat es sich bereits durchgesprochen, dass es eine Illusion ist, jederzeit aufbrechen und alles hinter sich lassen zu können. Dass es vielleicht einem von hundert gelingt, halbwegs unbeschädigt seine eigene Richtung zu halten. Denn mittlerweile genügt es nicht mehr, sich bloß abseits zu stellen, um vom allgemeinen Sog nicht mitgerissen zu werden. Die Gewalttätigkeit, mit der sich der outlaw einst gegen die Gesellschaft abgrenzte, ist längst auf ihn zurückgefallen. Sein Aufbegehren ist wirkungslos verpufft, und sobald er es sich anmerken lässt, befindet er sich schon auf der Flucht. Seine Bewegung ist in Wahrheit nicht selbstbestimmt, sondern erzwungen, und was er sich in einem letzten großen Selbstbetrug als individuelle Freiheit vorgaukelt, ist ein sukzessives Eingefangen- und Überantwortetwerden unter die soziale Kuratel der Verelendung. Bei McCarthy stellt sich die rastlose Bewegung der amerikanischen Gesellschaft nicht als Vorwärtsdrang, sondern als kollektives Strampeln in einem Hamsterrad unermesslichen Ausmaßes dar.

Und doch kann all die Mühe nichts daran ändern, dass diese Gesellschaft auseinanderzubrechen beginnt. Ihre nachlassende Kraft wird in den urbanen Zentren zusammengezogen, die erhalten werden müssen, während die Ränder sich selbst preisgegeben und am Abbröckeln sind. Ein Sprung geht durch den Spiegel des amerikanischen Traums, und man könnte darüber streiten, ob die Bruchlinien von einem Punkt in der Mitte heraus- oder von allen Seiten auf die Mitte zulaufen: Dort, wo die Oberfläche bereits in Stücke zerfallen ist und ihre Spannung nachgelassen hat, dort an den Rändern wird an den Scherben die grindige Silberbeschichtung des Untergrundes sichtbar, die aus durchsichtigem Glas erst einen Spiegel macht. McCarthy sieht diese Brüche, tastet ihre Verwerfungen ab, lässt aber die Splitter unberührt und zeichnet bloß die Lichtreflexe auf, die manche davon noch werfen. Mag das auch ein dunkles Bild ergeben, das jenem eingangs angesprochenen hellen und heiteren gar nicht mehr gleicht, seine Nachtseite ist es doch, und die zieht den Betrachter magisch an. McCarthys Stärke ist seine Beobachtungsgabe, die seine Sprache und sein Stil bis zur Schmerzgrenze verstärken: Weit ausholend, dabei in klaren, rhytmisch federnden Sätzen wird sein rascher, präziser Blick ins Wort gesetzt, der Wechsel zwischen tiefen, lyrischen Passagen und konzisen, auf den oft derben Slang der Sprecher reduzierten Milieuschilderungen folgt einem exakten, aus der Gesamtdramaturgie der Erzählung entwickelten Takt. Er teilt sich dem Leser unterschwellig mit, zieht ihn in den Bann und so steht der plötzlich vor der Frage, was ihn an den Schrecken dieser Welt und dem Leid ihrer Protagonisten so fasziniert: Ihre Abartigkeit kann es nicht sein, und auf die Gewissheit, ihr nie näher zu kommen als durch die Lektüre, sollte er sich nicht verlassen. Möglicherweise blitzt im geborstenen Spiegel des amerikanischen Traums etwas auf, das den tieferen Untergrund auch unseres gesicherten Seins kurz erhellt und uns andeutungsweise erkennen lässt, dass er so fest nicht ist wie wir anzunehmen gewohnt sind. Und wie wenig wir davor gefeit sind, aus dem lichten Bild unseres Daseins in den Schatten gedrängt zu werden, dorthin, wo die Suttrees und Harrogates umgehen, denen einer wie Cormac McCarthy etwas von ihrer Würde zurückgegeben hat.

Einmal für Anfänger oder: Was bisher geschah. Eine Polemik.

Wie erklärt man einem Ausländer Österreich? Vielleicht so:

Bald nach der Bildung einer rechten Regierung begannen sich die Menschen zu wundern, dass diese eine rechte Politik machte. Zunächst wurde die Verwunderung noch vom Streit überlagert, ob die Koalition, die im Februar 2000 ans Ruder gekommen war, rechtmäßig zustande gekommen sei und ob man sie nicht doch korrekter als rechtsliberal bezeichnen sollte. Solche Fragen der Verpackung und Etikettierung werden in Österreich enorm wichtig genommen, und daran ist die hier gepflogene Liebe zum Theater, seinen Kulissen und Kostümen schuld. Daher werden scheinbare Nebensächlichkeiten besonders leidenschaftlich bis zum bittersten Streit erörtert, darüber vergeht die Zeit wie im Nu, und als sie schon vergessen hatten, woran sich der Streit entzündet hatte, merkten die Österreicher, dass sie es vermutlich mit einer rechtmäßigen Regierung zu tun hatten, die ganz bestimmt eine recht mäßige oder, wie manche weiter spöttelten, recht unmäßige Politik betrieb. In der Frage der korrekten Bezeichnung ahnten sie bald, dass der Zusatz »liberal« nicht ganz am Platz war, nur sofort eingestehen wollten sich die Österreicher das nicht. Daher verschloss man zunächst davor die Augen, dass sich der schmalbrüstige Wirtschaftskammersekretär mit den zitronigen Lippen, der schon zuvor den Vizekanzler und Außenminister gemimt hatte, von einem chauvinistischen Schreihals aus der schmuddeligsten rechten Ecke in Amt und Würden heben hatte lassen.

Als einige ausländische Politiker darauf aufmerksam machten, tönte ihnen ein herzhaftes »Kusch« entgegen, was bedeutet, der andere möge gefälligst das Maul halten und sich um seine eigenen Angelegenheiten kümmern. Von Ausländern lassen wir uns schon lange nicht mehr die Augen öffnen, denken wir in solchen Fällen mit dem Reflex des Kleinen, der nicht einsieht, dass er von den Größeren nicht deshalb herumgeschubst wird, weil er so klein ist, sondern weil er zwar immer mitspielen will, sich aber nur dann an die Regeln hält, wenn es ihm passt. Gar nicht ungeschickt verstanden es der Zitronenlippige und das Braunkehlchen, die Minderheit jener, die nicht in das mächtige »Kusch« eingestimmt hatten, als Verräter an der gemeinsamen Sache darzustellen, die selbstverständlich ihre eigene war. Das verschwiegen sie wohlweislich, und als ungefähre Liebhaber des Theaters wussten sie: Genau so setzen alpenländische Stegreifschmieren in vulgärer Adaption den Chor des antiken Dramas ein. Im dumpfen Hall seines Echos, das im geschlossenen Rund der Medien widerklang, gingen sie an ihre eigentliche Arbeit, rechte Politik zu machen.

Die sah zunächst wie in anderen rechts regierten Ländern aus – mit einigen österreichischen Zusätzen. Als erstes wurden alle Schlüsselpositionen in den Behörden, den halböffentlichen Wirtschaftsbereichen und den verbliebenen Staatsbetrieben mit Parteigängern der Regierungskoalition besetzt. Im Medienwesen war ein Zugriff auf die Schlüsselpositionen nur im staatlichen Rundfunk und Fernsehen notwendig, da sich der Rest, besonders die Tages- und Wochenpresse, bis auf wenige Ausnahmen ohnehin längst in innig mit der neuen Macht verschränkten Eigentumsverhältnissen befand. Im staatlichen Fernsehen allerdings erfolgten die Umbesetzungen nach einem Muster, das nachgerade in allen öffentlichen und halböffentlichen Bereichen, von den Ministerien über die Bildungseinrichtungen, die Krankenkassen, Pensionsversicherungsträger bis hin zu den Forschungsförderungs- und Entwicklungsstätten und weiter von den Banken sowie zentralen Wirtschaftsbetrieben kopiert wurde: Die Intendanzen und leitenden Funktionen wurden, wie nicht anders erwartet, neu besetzt. Unerwartet kam jedoch, dass handwerkliche Unbedarftheit, fachliche Unkenntnis und ein Verständnis wirtschaftlicher Gesamtzusammenhänge, das keinen Kleingewerbler auch nur einen Tag auf dem freien Markt überleben ließe, bei der Neubesetzung keineswegs als Hindernis betrachtet wurden. In manchen Fällen schienen sie geradezu Voraussetzung zu sein. Diese neue Unbedarftheit, gepaart mit der aus großkoalitionären Zeiten bewahrten Arroganz, führte zu den wundersamsten Ergebnissen.

Als der ORF beispielsweise ein Fußballspiel der siechen heimischen Liga live übertrug, protestierten einige dutzend Anhänger im Stadion gegen die geänderten Spielzeiten, die der ORF als Hauptsponsor der Liga durchgesetzt hatte. Ein

Spruchband der Fans, auf dem »Scheiß-ORF« zu lesen war, genügte den Verantwortlichen des Senders, die Übertragung als Farce zu inszenieren und lediglich jene Spielfeldhälfte im Bild zu zeigen, von der aus das Transparent nicht zu sehen war. Der diensthabende Kommentator fühlte sich angehalten, die 90 Minuten dauernde Unverfrorenheit seines Dienstgebers als Antwort auf den »Terror« der protestierenden Fußballanhänger zu verteidigen. Diese blieb für die neue Intendantin ebenso folgenlos wie für den alten Sportchef, einen in den Journalismus entsprungenen Hauptschullehrer, der seit Jahren seine Arroganz erfolgreich als kritisch und die damit verbündete Unwissenheit als investigativ verkaufte. Ungeschoren blieb auch der Terrorismus-Experte, und als der ORF bald danach die Übertragungsrechte für die nächste Saison an einen kleinen Privatsender verlor, sah die Führungscrew am Küniglberg keinen Grund, ihre Geschäftsgebarung zu überdenken. Im Gegenteil – mehr als ein beleidigtes Schulterzucken und die Ausrede, man könne im Interesse des Gebührenzahlers nicht jede Preistreiberei mitmachen, war ihr, die dieses Interesse zuvor mit Füßen getreten hatte, die Angelegenheit nicht wert.

Ähnlich schlampig und präpotent gingen die Verantwortlichen den Geschäften in einem Herzstück des Unternehmens nach. In der TV-Information wurden Redakteure an Schaltstellen gesetzt, die weder Willen noch Kraft hatten, sich gegen die Begehrlichkeiten der Mächtigen zur Wehr zu setzen. Selbstverständlich kämpften auch früher alle Parteien um soviel Sendezeit für ihre Anliegen wie nur irgend möglich. Nur erfolgte früher die Zuteilung nach einem nachvollziehbaren Schlüssel, der alle Parteien analog ihrer Größe bediente. Das, sowie die Auswahl der Beiträge – und wohl auch die Zusammensetzung der Redaktionsteams – gewährleistete zumindest ein Informationsprogramm, welches den Kriterien einer angemessen fairen politischen Berichterstattung standzuhalten vermochte.

Damit räumte die neue Regierung freilich umstandslos auf. Missliebige Redakteure wurden ungeachtet ihrer fachlichen Qualifikation auf unwichtige Posten abgeschoben und durch beliebige ersetzt – ungeachtet ihrer fachlichen Qualifikation. Die Analysen in den Hauptsendungen wurden zum hausintern gefürchteten Privatvergnügen eines einzelnen Chefredakteurs. Die Darstellung der Oppositionspolitik wurde drastisch beschnitten oder in zeitlich unattraktive Formate verschoben: Wer – besonders in Zeiten regionaler oder nationaler Wahlen – zur Geisterstunde den Fernsehapparat einschaltete, musste den Eindruck gewinnen, das Land werde in der Nacht von anderen Parteien und Politikern regiert als bei Tag.

Ungeachtet dessen arbeiteten auch im Fernsehen untadelige Journalisten weiter, bloß fanden sich die meisten von ihnen bald auf einem jener Nebengeleise wieder, die von den handfesten, konkreten Ereignissen weg und in einer eleganten Schleife hinüber in das feuilletonistisch Ungefähre, also den schummrigen Hintergrund der eigentlichen politischen Geschichte führen.

Vermutlich war es ihnen nur ein kleiner Trost, mit diesem Schicksal nicht allein im Land zu sein: Die Beamten in den Ministerien wurden zunächst als Verhandlungsmasse im allgemeinen Sparprogramm definiert, denn wie überall in Europa wurde auch in Österreich die Sanierung des Staatshaushaltes bei jährlich steigenden Steuereinnahmen zum Hauptziel der Regierung ausgerufen – diese hielten mit den wachsenden Aufwänden für die Zinstilgung aus der bisher angehäuften Schuld nicht Schritt. Daher müssten alle Steuerzahler nun ihren Beitrag zur raschen Gesundung der Staatsfinanzen leisten, hieß es. Wer auch nur leise eine wirksame Umverteilung, etwa durch verstärkte Besteuerung des Spekulationskapitals und nicht investierter Unternehmensgewinne forderte, wurde umgehend zum Bolschewisten erklärt. So folgten die Regierenden brav der kleinen Fibel des Manchester-Liberalismus, der Maggie Thatcher einige bemerkenswerte Fußnoten eingefügt hatte – etwa die Überzeugung, dass jeder staatliche Eingriff in die private Gewinnmaximierung, welche zuvor durch Steuerbegünstigungen von der öffentlichen Hand initiiert wurde, als Gotteslästerung anzusehen sei. »Mehr Privat, weniger Staat« lautete ein Schlagwort der Kampagne, Österreich an die Spielregeln der globalisierten Wirtschaft zu gewöhnen, und das bedeutete in der hiesigen Umsetzung: Wenige Private nehmen sich so viel vom Staat, dass zum Schluß für alle nicht mehr genug da ist. Gekürzt wurde, bis tief in den Mittelstand, in allen Altersklassen – von den Studierenden bis zu den Pensionisten. Zur Kasse gebeten wurden Doppelverdiener ohne Kinder ebenso wie alleinverdienende Singles und überhaupt alle, die aktiv zum Erhalt des Sozial- und Gesundheitssystems beitrugen. Der Umstand, dass es Ärmere härter traf als Reiche und die Schicht dazwischen zu schmelzen begann, störte die Regierenden wenig.

Auch in der Umsetzung ihres Programms beschritten sie neue Wege, die sich durch bisher unbekannte Abkürzungen auszeichneten. War es vormals gute politische Sitte gewesen, sich mit den Gewerkschaften auf für alle annehmbare Kompromisse zu einigen, so wurde jetzt auf den sozialpartnerschaftlichen Konsens gepfiffen. Die neuen Machthaber saßen die Streiks der verdutzten, seit jeher konfliktscheuen Arbeitnehmerorganisiationen kaltlächelnd aus. Als ersten wirklichen politischen Erfolg verzeichnete die Rechtskoalition die Beendigung der jahrzehntelangen Konsenskultur, die das Land zu einem der reichsten und stabilsten Staaten der Welt gemacht hatte. Spätestens da war dem letzten Zauderer klar, dass die Bezeichnung rechtsliberal für diese Regierung keine Berechtigung hatte.

Etwa zu dieser Zeit, die von den ersten großen Niederlagen der Gewerkschaft geprägt war, tauchte auch der Begriff »Konfliktdemokratie« im politischen Wortschatz auf. Er meinte in treffender Abbildung der österreichischen Verhältnisse nicht etwa den Ausgleich zwischen divergierenden Standpunkten, sondern ihre Verdrängung: Der Kanzler schwieg und lächelte zitronig, setzte auf den Langmut seiner Landsleute und behielt schließlich recht – vom Brand der Republik, den ein Gewerkschafter für den Fall weiteren Sozialabbaus großmäulig ankündigte, war keine Rede.

In dieser Phase des Wandels hatte der Zitronenlippige im Kanzleramt seine beste Zeit: Den Machtkampf mit den Gewerkschaften hatte er gewonnen – sie hatten ihn ja halbherzig genug geführt – die Linke stand nach dem Sturz aus der Regierung, die sie 30 Jahre lang innegehabt hatte, unter Schock, und der Rest der Opposition irrte hilflos den Demonstrationszügen aufgebrachter Bürger hinterher, die sich als Vertreter der »Zivilgesellschaft« bezeichneten, so als wären sie von einem Tag auf den anderen unter die Barbaren gefallen. »Speed kills«, sprach der Oberknecht des Kanzlers in einem seltenen Anflug von Aufrichtigkeit, und um das Lächeln seines Herren spielte beinahe ein Zug historischer Wahrhaftigkeit. Die Hybris der beiden sorgte dafür, dass der Triumph nicht lange vorhielt, denn einen Nebeneffekt ihrer geschickten Überlegung, die verschiedenen Einkommensbezieher gegeneinander auszuspielen statt die Notwendigkeit ihrer Sparmaßnahmen zu begründen, hatten die beiden übersehen: Mit demselben Argwohn, mit dem die Angestellten auf die vorgeblichen Privilegien der Beamten, die Arbeiter auf die der Bauern blickten, begannen alle das Treiben derer zu betrachten, die ihnen die Suppe eingebrockt hatten. Was sie sahen, war nicht schön: während im öffentlichen Dienst Stellen gestrichen wurden, warfen die Minister ein Vielfaches der eingesparten Summen privaten Beratern nach, welche für die Arbeit der abgebauten Beamten angeheuert wurden. Die hatten von der Materie zwar nicht viel Ahnung, unterhielten aber beste Beziehungen zu ihren Auftraggebern. Das bisschen Fachwissen, das sie für ihre Aufträge benötigten – besonders beliebt waren Evaluationen zur weiteren Verschlankung der Verwaltung – steuerten ohnehin die verbliebenen Staatsdiener bei, die auf diesem privaten Umweg zu einem besonderen Dienst am Staat, nämlich zu ihrer eigenen

Abschaffung, verpflichtet wurden. Besonders bunt trieb es der Finanzminister, ein eingebildeter Aufsteigerschnösel, der in zwei Jahren einige dutzend Millionen für externe Beratungsleistungen ausgab und sich eine Homepage sponsern ließ, auf der er mittels einiger Kindheits- und Jugendphotos seinen vom Schicksal vorgezeichneten Aufstieg zum zweitmächtigsten Politiker der Regierung nachzeichnete – der bemerkenswerte Fall einer Apotheose zu Lebzeiten. Vergleichbare historische Kaliber wie die Medici hatten mit ihrer Selbstdarstellung als Versammlung Heiliger zu Mariä Himmelfahrt wenigstens zugewartet, bis alle Akteure unter der Erde waren und den Künstler aus eigener Tasche bezahlt. Solche Bescheidenheit, die nur falsch sein kann, war unserem Finanzminister fremd. Er kassierte von der Industriellenvereinigung, beauftragte Freunde mit der Erstellung seines Porträts und zahlte keine Steuern dafür – schließlich diente er damit dem Interesse des Landes. Und die Österreicher begriffen, was für ein Glück es war, in einem Land zu leben, in dem Narren für solche Narreteien Geld locker machen – das verlieh der eigenen unternehmerischen Phantasie doch viel stärkere Flügel als alle Appelle der Industriellen- und Wirtschaftskammerfunktionäre, endlich die »New Economy« zu stärken. Etwas gedämpft wurde die Begeisterung vielleicht von der Einsicht, dass hier eigentlich auch ihr Steuergeld verprasst wurde.

Auch schlug die Stunde der Lobbyisten, die Stunde des Wirtschaftsministers, der als Pharmaunternehmer Milliardär geworden war und nun laut bei der Reform des Gesundheitswesens mitplauderte. Der dritte Nationalratspräsident, dessen vom Vater geerbte Papierfabriken die Regierungen der verhassten Sozialdemokraten mit hunderten Subventionsmillionen mehr als einmal vor dem Bankrott gerettet hatten, kämpfte nun wie ein Löwe gegen jede weitere öffentliche Unterstützung des verbliebenen Restes der Verstaatlichten Industrie. Der Justizminister, der bisher als Rechtsvertreter des Kanzlermachers fungiert und in dieser Funktion manch schrillen Ton seines Klienten in reinste Harmonie transponiert hatte, riss mit dem Jugendgerichtshof ein international angesehenes Projekt der Prävention und des Tatausgleichs ein. Seine Fähigkeit zu internationaler Kooperation und die Bereitschaft, außerhalb des eigenen Krähwinkels Rat zu holen, bewies er mit seinem Plan, die selbst verursachte Platznot in den Gefängnissen mit dem Bau solcher im Ausland zu kompensieren – wobei, der Wahrheit die Ehre, nicht straffällig gewordene einheimische Jugendliche, sondern ausländische Erwachsene in ihre Heimat abgeschoben werden sollen. Als er selbst dieser Regierung zuviel angerichtet hatte, warf er, ehe er hinausgeworfen wurde, von sich aus den Krempel hin, den eine Referendarin des Amtes der Kärntner Landesregierung auflesen durfte, die ihre Fähigkeit für das höchste Amt der Justiz mit einer Antrittsrede unter Beweis stellte, in der sie die Wasserqualität der Kärntner Badeseen pries. Schließlich war sie bis dahin in der Wasserrechtsabteilung beschäftigt gewesen.

Im Bildungswesen richtete die Regierung einen Kahlschlag an, dessen Gründlichkeit noch kommende Generationen von Studenten und Wissenschaftern spüren werden.

Obwohl der erste Nationalratspräsident, der sich gern als Kutscher der Koalition bezeichnete, bei jeder richtigen Gelegenheit ein falsches Zitat anzubringen wusste, um den Wert umfassender humanistischer Bildung zu unterstreichen, ging die Regierung den Institutionen, die diese vermitteln, umgehend an den Lebensnerv. Nicht aus billiger Rachsucht, weil sie an der geistigen Veredelung des Koalitionskutschers gescheitert wäre – das wäre ja ein einsehbares Motiv – nein, aus praktischen Überlegungen: Bildung, so die Ansicht der Regierung, muss sich lohnen, besonders solche, die es an den Universitäten gibt, und was lohnte mehr als die Eindämmung der Produktion überflüssiger Absolventen so genannter Orchideenfächer. Nicht einmal mehr die Wirtschaftler und Juristen kommen alle in diversen Kammern unter, ehe sie Kanzler oder Nationalratspräsident werden können, selbst Ärzte hat es schon genug, also weg mit den – nein, nicht den Juristen, Ärzten oder Wirtschaftlern: weg mit den Geisteswissenschaftern, den Philosophen. Die kosten bloß und bringen nichts, Lehrer können nicht alle werden, die Universitäten bieten keine Stellen mehr an, und eine profunde Bildung ohne Aussicht auf eine Staatsanstellung macht die Leute bloß unruhig, aufmüpfig, rebellisch. »Wer ein Orchideenfach studiert«, sprach die Bildungsministerin, die vor ihrer Entdeckung der Politik mit Werken und Singen an einer Hauptschule zwei Fächer unterrichtet hatte, die das angestrebte Ideal der Verbindung moderner Didaktik und traditioneller Lehrinhalte geradezu symbolisieren, »wer ein Orchideenfach studiert, muss sich bewusst sein, dass er damit möglicherweise keine adäquate Stelle bekommt.«

Der Gedanke, der Staat möge sich bloß um die Ausstattung der Bildungseinrichtungen und einen möglichst breiten Zugang kümmern, das spätere Fortkommen der Absolventen aber getrost dem Markt überlassen, kam den Marktanbetern auf diesem Gebiet seltsamerweise nicht – obwohl genau das doch schon seit Jahren propagiert wurde. Um die wachsende Zahl arbeitsloser Akademiker kümmerte sich diese Regierung genau so wenig wie ihre Vorgängerin, und wo jene mit unzureichenden arbeitsmarktpolitischen Überbrückungsmaßnahmen statistische Kosmetik betrieb, griff diese zu einem Mittel, das sie in jedem anderen Bereich als reines dirigistisches Dogma verteufelte: zum staatlichen Eingriff in die Produktion, sprich in die Ausbildung an den Hochschulen, die strukturell auf eine rasche Hervorbringung gesellschaftlich verwertbaren und die noch raschere Ausscheidung gesellschaftlich unverwertbaren Wissens getrimmt wurden. Die Ergebnisse ließen die böse Ahnung keimen, dass die Handelnden bei der paradigmatischen Festlegung dessen, was künftig nützlich und unnütz sein sollte, die eigenen akademischen »Karrieren« als Maßstab genommen haben könnten.

Was tat die Opposition? Sie bekam ihre Chance früher als erwartet, denn nach knapp zwei Jahren zerbrach die kleinere der Koalitionsparteien an internen Streitereien und damit die Regierung. Die Wähler, die der Partei des Schreihalses davonliefen, scharte jedoch nicht der Chef der Sozialdemokraten, sondern der Zitronenlippige um sich – was ihm einen überraschenden Wahlsieg sicherte und die Gelegenheit bot, mit seinem alten, auf ein Drittel seiner einstigen Stärke geschrumpften Koalitionspartner nun erst richtig loszulegen. Forsch überfuhren sie die Opposition, die zunächst wenig dagegen aufzubieten hatte: Die Grünen räkelten sich noch in der Sonne ihrer neu gewonnenen Bedeutung, waren sie doch einige Tage lang ernsthaft als Regierungspartner im Gespräch gewesen, ehe es doch so weiterging wie bisher. Die Erfahrung, so nah an der wirklichen Macht gewesen zu sein, schmälerte den oppositionellen Elan beträchtlich, denn nun, so ging die Meinung, hatte man der Öffentlichkeit gegenüber die Verpflichtung, seine staatstragenden Qualitäten – und die Koalitionsfähigkeit in beinahe jede Richtung – unter Beweis zu stellen.

Die Roten begriffen die Welt nicht mehr. Sie hatten nach dem Zusammenbruch des ersten schwarz-blauen Kabinetts fest mit dem Wahlsieg gerechnet und, einmal mehr, das Tempo falsch eingeschätzt, das der Zitronenlippige anschlug: Ohne den Zerfallsprozess der Blauen abzuwarten, löste er die Koalition auf, rief Neuwahlen aus, und beschleunigte mit der Verpflichtung des wendigen blauen Finanzministers als »parteifreiem« Mitstreiter die Erosion seines ehemaligen und künftigen Koalitionspartners. Wie sich in späteren Analysen zeigen sollte, war bereits nach drei Tagen Wahlkampfes klar, dass die Schwarzen mehr als zwei Drittel der Wählerstimmen aus der blauen Konkursmasse erben würden. Die Roten hatten ihr Angebot zu zögerlich, zu spät und zu unklar gemacht, ihre Stimmengewinne fielen zwar recht ordentlich aus, reichten aber nur zum zweiten Platz. Das alles war der Aufschlüsselung der Wählerströme nach der Wahl leicht zu entnehmen. Aber auf die grundlegende Frage, warum die Sozialdemokraten das grandiose Scheitern der Regierung nicht zum Sieg nutzen konnten, gab die Analyse keine Antwort. Dafür drang der Giftpfeil der Wahlsieger, befiedert und eingelegt von den eigenen frustrierten Genossen, tief in das Fleisch der Roten ein: Mit solch einem hölzernen Parteichef, einem Apparatschik alter Kaderschule, uncharismatisch bis ins Mark, sei natürlich keine Wahl zu gewinnen. Nicht wenige der Roten hörten das gern, lenkte es doch von den wahren Ursachen ihrer Niederlage ab, die sie alle mitzuverantworten hatten – und die lagen, wie so oft, in der Vergangenheit.

Zwar trafen die hämischen Kommentare ihrer Gegner, die den Sozialdemokraten vorhielten, nach Jahrzehnten an der Regierung das simple Geschäft der Opposition verlernt zu haben, den Kern der Sache nicht exakt, aber sie streiften ihn doch. Natürlich tat sich die Linke anfangs schwer, ihren Parteiapparat auf die Anfordernisse der tagespolitischen Arbeit einer Oppositionspartei umzustellen, die mit beschränkteren Mitteln auskommen muss als eine Regierungspartei: mit weniger Personal, weniger Geld, weniger Umsetzungsmöglichkeiten. Vor allem aber fehlt einer Oppositionspartei der Zugriff auf die Informationsquellen der Regierung sowie auf die Kapazitäten der Ministerien: Die Beamten erarbeiten schließlich nicht nur die Grundlagen der Gesetzgebung, sie bestimmen auch wesentlich den Verlauf der politischen Diskurse, die der leichter in seine Richtung lenken kann, der über ihre Entstehungsbedingungen genauer Bescheid weiß. Bestimmt fiel es den

Roten zunächst schwer, von der Regierungsebene auf die einfacher eingerichtete der parlamentarischen Sachbearbeitung herabzusteigen und sich an die zeitraubende Form der Informationsbeschaffung und Quellenerschließung zu gewöhnen, die eben nicht mit einem Anruf in einem befreundeten Ministerium getan ist. Aber länger als einige Monate benötigten sie dafür nicht, und trotzdem kamen ihre Kampagnen auch nach Ablauf dieser Zeit nicht recht ins Rollen. Ob im Sozial- oder Wirtschaftsbereich, in der Bildungs- oder Forschungspolitik, im Sicherheitswesen oder in der Außenpolitik: Stets haftete den Modellen der Sozialdemokraten der Geruch des Gestrigen, Unzeitgemäßen an, gerade als wären sie aus einem gemütlichen politischen Reformhaus der 70er Jahre in das härter, schneller und rücksichtsloser gewordene Vertriebsnetz des 21. Jahrhundert verschoben worden. Zwar mündeten die ersten Regionalwahlen in der zweiten schwarz-blauen Periode reihenweise in Debakel der Regierungsparteien, doch kam nie das Gefühl auf, dies hätte seinen Grund in den klügeren Programmen der Opposition. Vielmehr machte man die erbärmliche Vorstellung der Regierung dafür verantwortlich.

Natürlich machten sich die Sozialdemokraten Gedanken darüber, warum ihre Geschäfte so unerwartet zäh liefen, doch wie ihre Gegner streiften sie den Grund für ihre Probleme nur am Rand. Einmal war es die mangelnde Kommunikationskraft, die für die Umsetzungsschwierigkeiten herhalten musste: Die Presse war »bürgerlich«, so die Klage, der umgefärbte ORF ganz offen zum »Regierungsfunk« geworden, also was sei da noch zu machen. Dann wieder musste der Parteivorsitzende herhalten, dessen kleinstes Ungeschick zur parteigefährdenden Krise hochgespielt wurde, um weniger Begabten aus der zweiten Reihe Gelegenheit zu Eigeninseraten als Nachfolger zu geben. Doch in allen Debatten um solche Marginalien, die tatsächlich viel weniger zur anhaltenden Depression der Linken beitrugen als diese annahmen, übersahen sie den Hauptgrund für ihre Misere: Sie hatten nicht das Herz der Wähler, wie es so pathetisch und falsch heißt, verloren, sondern die Körpergegend südlich davon, und zwar durchaus in Korrespondenz mit dem eigenen Gespür für eine Politik aus dem Bauch heraus, die der Wähler instinktiv wahrnimmt. In seinem Roman »Erinnerungen an die Zeit unter Ford« läßt der amerikanische Autor John Updike den legendären General und späteren Präsidenten der USA, Andrew Jackson dem jungen Kongressabgeordneten James Buchanan die einzig zuverlässige Richtschnur für das Handeln eines unabhängigen Staatsmannes entwickeln, eine Maxime, die erfolgreiches politisches Handeln als intuitives Erkennen kollektiver Bedürfnisse auffasst. Nicht seinen Beratern solle er vertrauen, meint Jackson zu Buchanan: »Wenn Sie auf die andere Seite gelangt sind so wie ich und Ihr Appetit auf hohle Schmeicheleien seitens derer, die um Sie sind, gestillt ist, werden Sie wissen, wo die Kraft in Gottes ureigenem Land sitzt: in den Gefühlen der Menschen. (...) Sie haben's in ihren Eingeweiden. Sie wittern, ob einer falsch oder wahrhaftig ist. Sie müssen das Volk im Bauch haben, dann können Sie nichts falsch machen. Wenn nicht, haspeln

Sie sich ab, soviel Sie wollen, Sie werden nichts richtig machen. Nehmen Sie einen prinzipienfesten Standpunkt ein, Mr. Buchanan, und fürchten Sie nie, sich Feinde zu machen.«

Das »Volk im Bauch« hatte bei den Sozialdemokraten freilich schon länger keiner ihrer Vorsitzenden und Kanzler mehr gehabt. Den letzten, der es möglicherweise gehabt hätte, hatten sie aus dem Amt gejagt, als er sich den Seufzer erlaubte, dass alles sehr kompliziert geworden sei. Sein Nachfolger wieder empfahl versprengten Visionären den Besuch eines Arztes und richtete im übrigen seine Politik pragmatisch an der doppelten Buchführung aus, die er im Bankgeschäft gelernt hatte. Dem nächsten und bisher letzten roten Regierungschef waren beide Zugänge fremd, und so zufällig, wie er die Bühne betreten hatte, ging er auch wieder ab, ohne mehr hinterlassen zu haben als einen befremdenden Eindruck

Keiner der beiden hatte aus Böswilligkeit gehandelt oder war aus reinem Unvermögen gescheitert. Sie hatten bloß verlernt, auf etwas anderes als Bilanz- und Umsatzzahlen der Unternehmen zu achten, in denen sie mit Leichtigkeit zu Spitzenkräften aufgestiegen waren. Der Staat, den sie regieren sollten, erwies sich dagegen als lebendiges Gebilde, das komplizierteren Regeln gehorchte als der Wettbewerb, dem sie sich als Manager zu stellen hatten. Das Gefühl, das in den siebziger Jahren die Sozialdemokratie an die Macht gebracht hatte und das sie in erkennbare Politik umwandelte, wurde ab Mitte der 80er in der großen Koalition nur noch verwaltet und daran trugen die Roten ebenso schuld wie die Schwarzen – unabhängig davon, dass sich beide wortreich auf den »neoliberalen« Mainstream beriefen, wenn es um darum ging, die Unmöglichkeit einer davon abgekoppelten, bedürfnisorientierten Politik zu beschwören.

Von dieser Konstellation profitierte kurzfristig einer, der das Grummeln im großen Bauch sehr gut vernahm und zu deuten wusste. Nicht die Kraft eigener Vorstellungen und der sozialdemokratische Mangel daran brachten dem verlachten zitronenlippigen Vizekanzler der letzten großen Koalition schließlich den Sieg, sondern das ausgezeichnete Gehör des Schreihalses aus dem Süden. Als einziger hatte er hingehört und begriffen, und als einziger verstand er es, damit Wahlen zu gewinnen. Einmalig war aber auch, wie er sich sein sauer erworbenes Kapital wieder aus den Händen nehmen ließ, wie er es selbst verspielte und wie es ihm abgeluchst wurde von dem, der öffentlich mehr schwieg als sprach und dessen Lächeln immer etwas maliziös wirkte, so als bewunderte er sich selbst für seine Gerissenheit. Zitronenlippig.

Das Brot auf der Straße

Im Februar 1990 fand ich mich als Korrespondent der zwei Jahre zuvor gegründeten Tageszeitung »Der Standard« in Klagenfurt wieder. Ich war dort geboren und aufgewachsen, hatte bis zum 19. Lebensjahr dort gelebt und war dann zum Studium nach Wien gegangen, wo ich nach und nach Gefallen am Journalismus fand und schließlich ernsthaft in diesem Metier zu arbeiten begann. Ich wollte immer ein spannendes Leben führen, und wenn es das nicht sein konnte, so sollte es wenigstens abwechslungsreich sein. Das war auch der Grund, weshalb ich nach zwei Jahren in der Stammredaktion des Standard das Angebot des Herausgebers annahm und mit knapp 30 Jahren in meine Heimatstadt zurückging: In der Wiener Redaktion hatte ich mich zu langweilen begonnen, die Claims in den Abteilungen waren abgesteckt, und die meisten der Kollegen wachten eifersüchtig über ihre Schrebergärtlein, ängstlich darauf bedacht, dass ihnen kein anderer die sorgsam gezogenen Rabatten zertrample. Ich war in der Wirtschaftsredaktion gelandet, aber nicht etwa, weil ich davon viel verstanden hätte: Meine Freunde hatten mich in dieses Ressort geholt, sie waren gestandene Wirtschaftsjournalisten, gutmütig und geduldig genug, mir zunächst die Grundbegriffe und später die nötigen Kniffe des Geschäfts beizubringen. Mir war es anfangs sehr recht, denn so war wenigstens mein Anspruch auf Abwechslung erfüllt, weil ich beinahe täglich etwas Neues lernte oder erlebte. Dennoch war ich es nach zwei Jahren leid, Bilanzpressekonferenzen zu besuchen, über Umsätze, Gewinne und Pleiten zu berichten und Nachrichten über steigende oder fallende Börsenkurse einzukürzen. Als Korrespondent hätte ich mehr Freiheiten, könnte schreiben, worüber ich wollte und was mir wichtig schien, und außerdem lockte Kärnten, aus der Ferne betrachtet, doppelt und dreifach verführerisch: Ich würde mein Tennis verbessern, die Winter bis in den Mai hinein zum Skilaufen nützen und versuchen, den Herausgeber von der dringend notwendigen publizistischen Pflege der Alpe-Adria-Region und hier im speziellen der Weinbaugebiete Friauls zu überzeugen. Die Warnungen meiner Freunde, ich würde mich zu Tode langweilen und keinen Platz für meine unnötigen Geschichten bekommen, schlug ich in den Wind.

Das erwies sich rasch als ebenso voreilig wie mein Selbstbild als nebenher korrespondierender Landjunker als Illusion. Nach elf in Wien verbrachten Jahren kannte ich mich zwar in den politischen Machtverhältnissen Kärntens noch leidlich aus, von den handelnden Personen der zweiten Reihe aber so gut wie niemanden mehr. Es war, als müsste ich durch ein Fenster von außen das lustige Treiben in meinem Haus betrachten, weil mein Schlüssel nicht sperrte und niemand mein Läuten hörte. Die wenigen wichtigen politischen Geschichten schrieb mir mein Kärntner Kollege, gut eingebettet in sein sorgfältig geknüpftes und gepflegtes Kontaktnetz, vor der Nase weg, während ich mich verbissen abmühte, meine alten Quellen wieder zum Sprudeln zu bringen und neue zu erschließen. Natürlich versuchte ich, mich mit etwas Sport, Wirtschaft und Kultur schadlos zu halten und lernte dabei rasch eine Grundregel des Korrespondentendaseins kennen: Er bietet die besten Geschichten wie sauren Wein an, bekommt aber nur für solche ausreichend Platz, die der Erwartung entsprechen, welche die Redakteure der Zentrale an das Geschehen draußen an der Peripherie stellen. Das und mein allzu schleppendes, von allen Seiten misstrauisch beäugtes Wiedereintauchen in die Kärntner Verhältnisse ließ meine Unzufriedenheit rasant anwachsen, und als ich nach einigen Wochen innehielt, merkte ich, dass der Winter fast vorbei und ich beruflich keinen Schritt weiter war. Am allerschlimmsten: Ich war noch keinen Tag zu Skilaufen gekommen. Am erstbesten Wochenende packte ich die Skier und fuhr in die Berge. Nach einer Abfahrt kam ich am Lift neben einem jungen Slowenen zu sitzen, der mir vom Aufbruch erzählte, welcher vor einem Jahr die nördlichste Teilrepublik Jugoslawiens erfasst hatte: Hunderttausende Demonstranten waren auf die Straße gegangen, um die Freilassung des Chefredakteurs der aufmüpfigen Studentenzeitung »mladina« zu erzwingen, der wegen eines kritischen Artikels über die jugoslawische Armee kurzerhand verhaftet worden war. Alles sei im Aufruhr, und seit dem kurzen Frühling der späten siebziger Jahre habe es keine auch nur annähernd so breite und von allen Bevölkerungsschichten getragene Bewegung gegeben, die nun, da die Berliner Mauer gefallen und der Eiserne Vorhang zerschnitten sei, auch für Jugoslawien Demokratie und freie Wahlen fordere. Nach Titos Tod habe sich ja im Grunde schon der Dammbruch angekündigt, und nun könnten die alten Generäle mit ihrer heruntergekommenen Armee einmal erleben, was ein Aufstand sei: Der slowenische Präsident Milan Kučan, ein Kommunist zwar, aber anständig, habe die Zahlungen der Teilrepublik an die Bundesregierung eingestellt und dränge auf Verhandlungen über die Neuordnung Jugoslawiens, und wenn sich die Herren in Belgrad lange blöd stellten, dann werde sich Slowenien eben selbständig machen, gute Nacht und auf Nimmerwiedersehen, Jugoslawien.

Zwei Tage später fuhr ich nach Ljubljana. Nach wenigen Stunden wusste ich, dass ich meine Geschichte gefunden hatte – eine, deren Verbreitung auf lange Zeit ohne Debatten, ob es dafür Platz geben müsse, sicher war. Unbeachtet von der westlichen Welt bereitete hier ein Land seine Souveränität vor, ohne sich schon darüber im klaren zu sein, wie weit diese führen sollte – strukturell jedenfalls hatten die Slowenen bis zur völligen Eigenstaatlichkeit und Abspaltung vorgebeugt: Ihr Parlament, das ja in der jugoslawischen Föderationsverfassung von 1946 theoretisch mit völliger Eigenständigkeit ausgestattet war, die nur nicht praktiziert werden konnte, weil es der einzig zugelassenen Partei der Kommunisten als Zustimmungsautomat für die Beschlüsse des Zentralkommitees diente, erwachte mit der Einführung des Mehrparteiensystems erst zum Leben. Die erste Verfassung Jugoslawiens, die 1953, 1963 und 1974 erneuert wurde und in diesen Neuerung die Lockerung des streng zentralistisch-stalinistischen Systems auch staatsrechtlich vollzog, garantierte auf dem Papier von Beginn an das Selbstbestimmungsrecht der Nationen. In der Praxis war dieses Recht jedoch mit dem Eintritt in die jugoslawische Föderation verbraucht. Nun beriefen sich die Slowenen wieder auf dieses Selbstbestimmungsrecht und reizten damit die Zentralisten in der jugoslawischen Bundesregierung bis aufs Blut: Ohne die Bundesverfassung zu verletzen, entzogen sich die Slowenen ihrer realen Wirkung. Sie setzten nur noch das um, was im Parlament beschlossen wurde – und teilten es der Bundesregierung durch ihren Vertreter im Präsidium mit. Die Anweisungen des jugoslawischen Staatspräsidiums waren plötzlich nichts anderes mehr als Anweisungen, konnte sich die Regierung der Republik Slowenien doch auf die Legitimation eines Parlaments berufen, das seit der Gründung der SFRJ in der Bundesverfassung verankert und – theoretisch – dem Bundesparlament gleichgestellt war. Ein vergleichbarer Instanzenzug wie zwischen dem österreichischen Bundesparlament und den Landesregierungen war nicht eingerichtet, weil Titos Genossen zu Recht annahmen, dass kein Parlament der Teilrepubliken es je wagen würde, gegen ihre Beschlüsse aufzumucken. Jetzt wagten sie es, zunächst in Ljubljana, dann in Zagreb, und für die kommunistischen Zentralisten brach die Götterdämmerung an.

Darüber und wie in Slowenien nach und nach auf allen Gebieten Parallelstrukturen zu denen des Bundes eingezogen wurden, berichtete ich in den nächsten Wochen und Monaten. Ich lernte die handelnden Personen kennen, die entschlossen waren, den großen Wurf zu wagen und daneben noch Zeit und Lust hatten, sich wie in einer erwachsenen Demokratie zu zanken und Koalitionen zu bilden oder wieder aufzulösen. Da war der Staatspräsident Milan Kučan, klein, bullig, zäh, ein ehemaliger Kommunist, der, abgebrüht und erprobt in langen Grabenkämpfen mit den Genossen im jugoslawischen Staatspräsidium, sofort erkannt hatte, wie weit sich hier ein historisches Fenster auftat. Da war der Ministerpräsident Lojze Peterle, ein hochgewachsener Christdemokrat mit der einschläfernden Stimme eines gelangweilten Dorfpfarrers, zäher Verhandler mit glänzenden Kontakten zur slowenischen Emigration in Übersee und zur katholischen Internationale. Da war Außenminister Dimitrij Rupel, ein unbekümmerter und polternder Haudrauf, damals bei den Liberalen, der im Ausland gut Wind für die slowenische Sache zu machen suchte und dabei von einem Fettnäpfchen ins andere trat. Und da waren drei – damals noch – Freunde, die sich für die Belgrader Zentrale als zäheste und gerissenste Gegner erweisen sollten: Der ehemalige mladina-Redakteur Janez Janša, als Verteidigungsminister Kommandant der Territorialarmee, die – im Gegensatz zur Bundesarmee – der slowenischen Regierung unterstand und noch zu Titos Zeiten als leichte Eingreiftruppe für den regionalen Partisanenkampf gegen potenzielle ausländische Aggressoren aufgestellt worden war. Trotz oder gerade wegen seiner Jugend – Janša war damals knapp über 30 Jahre alt – war er einer der Kaltblütigsten und Rücksichtslosesten in der Regierung und, zumindest damals, das alter Ego seines bulligen Freundes Igor Bavčar, der als Innenminister die Polizei als ergänzende Kampftruppe aufgestellt hatte und in permanente Kämpfe mit Geheimdiensten jeglicher Provenienz verwickelt war. Als dritter im Bunde fungierte Jelko Kacin, später Informationsminister, ein eitler, hochintelligenter Kommunikationsspezialist und Meister der Manipulation. Sie alle schienen nur auf ihr Stichwort zu warten. Sie alle hatten ein festes Ziel vor Augen und waren bereit, dafür einen hohen Preis zu zahlen: Sie wollten einen slowenischen Staat. Wie eigenständig der sein sollte, wussten sie noch nicht.

Auch darüber und wie sie darum kämpften, über die Intrigen und Verhandlungen, die Drohungen und Versprechen, das Ringen um Kompromisse, das dutzendfache Scheitern der Verhandlungen und ihre Wiederaufnahme, über all die Winkelzüge, die kleinen Fortschritte in der Absetzbewegung von Belgrad und die verzweifelten Versuche, doch noch etwas Gemeinsames von dem grandiosen, mit soviel Blut errichteten Projekt des einheitlichen Jugoslawien von der griechischen Grenze bis hinauf zu den Karawanken zu retten, schrieb ich, ohne über die möglichen Konsequenzen der pathetischen Pläne nachzudenken. Schon bald hatte ich mit Gerhard Seifried einen Gefährten gefunden, den ich vom Studium in Wien flüchtig kannte und der jetzt für den ORF arbeitete: Gemeinsam fuhren wir in das Land wie Piraten, die auf Kaperfahrt gehen, und aus dem gemeinsamen Blick für die Dinge, dem Respekt vor der Arbeit des anderen sowie dem sicheren Wissen um seine Unbestechlichkeit entwickelte sich ein gegenseitiges Vertrauen, das uns beide mehrmals vor Schlimmerem bewahrte und das mit der Zeit zu einer großen Freundschaft wurde, die bis heute gehalten hat. Die Geschichten flogen uns zu, sie erzählten sich von selbst, und man musste nur aufmerksam zuhören und sie übersetzen, er in Bilder, ich in Worte. Am Anfang schien es, als wäre die Kluft zwischen diesen beiden Ausdrucksweisen gar nicht so groß, und in seltenen, glücklichen Fällen, schien sie überhaupt verschwunden.

Wenn wir mit den Menschen sprachen, staunten wir, wie sehr sie sich des Risikos bewusst waren, das ihre Regierung einging. Sie wussten, dass am Ende ein Krieg stehen konnte, in dem die hundertfach überlegene Bundesarmee die kümmerliche Territorialverteidigung hinwegfegen und dem Spuk ein Ende machen würde. Sie wussten, dass die, die sich heute großartig Präsident, Regierungschef und Minister nannten, schon morgen als Hochverräter vor ein Bundesgericht gestellt und um einen Kopf kürzer gemacht werden konnten. Viele fürchteten die radikale Lösung, und kaum einer hätte sie für das vage Versprechen einer nebulosen Eigenständigkeit in Kauf genommen. Wie ihre Politiker sprachen auch die Menschen auf der Straße von Kompromissen, die man schließen müsse, und davon, dass als vernünftigstes Staatsmodell für Jugoslawien wohl eines nach dem Vorbild der Benelux-Staaten versucht werden sollte – wenn es denn sein musste, mit gemeinsamer Währungs-, Außen- und Verteidigungspolitik. Aber innerhalb dieses losen Verbandes sollte jedes Land trachten, seine Vorstellungen eines demokratischen, marktwirtschaftlich orientierten Systems umzusetzen. Die Stärke der slowenischen Regierung in den Verhandlungen mit Belgrad war, dass ihre Linie völlig den Erwartungen und Wünschen der Bevölkerung entsprach. Mit dem Phänomen, dass hier tatsächlich eine politische Vertretung als Sprachrohr des Volkes auftrat, wurden die Kommunisten, die das doch einst als Wesenszug ihrer Politik propagiert hatten, nicht fertig. Sie misstrauten den Slowenen, weil sie nicht begreifen konnten, dass ausgerechnet von diesen westlerischen Reaktionären aus dem Norden das Ideal ihrer Revolution, an und mit dem sie gescheitert waren, verwirklicht schien – und das für ein kümmerliches Linsengericht, das ihnen der Kapitalismus als Lohn für den Abfall von der reinen Lehre in Aussicht stellte? So dachten die Ideologen, so sprachen die Politiker, die Militärs aber sahen sich erst die Landkarten an, danach ihre Budgets, überlegten kurz, wer sie bezahlte, und wurden pragmatisch: Mochten die Politiker darüber streiten, wer wem Treue und Rechenschaft schuldig war, sie würden gegebenenfalls handeln und dafür sorgen, dass die Oligarchie bestehen blieb.

Wie so oft waren es Bilder, Symbole, welche die überschrittenen Umkehrpunkte auf dem einmal eingeschlagenen Weg markierten. Im Juli 1990 lud die slowenische Regierung gemeinsam mit den höchsten Vertretern der katholischen Kirche zu einem Versöhnungstreffen an einen der finstersten Orte der slowenischen Geschichte. Im Kočevski Rog, dem Hornwald von Kočevje/Gottschee, hatten die kommunistischen Partisanen unmittelbar nach Kriegsende einen grausamen Schlußstrich unter die letzte Rechnung des Bürgerkrieges, der neben dem glorifizierten Befreiungskampf gegen den Faschismus zwischen Weißgardisten, Ustascha, Heimwehren und Kommunisten ausgefochten wurde, gezogen. Zu Zehntausenden trieben die Kommunisten ihre Landsleute in den Wald, erschossen sie und ließen die Leichen in den Karstgrotten verrotten. 45 Jahre nach Kriegsende rief nun Ex-Kommunist Kučan zur Versöhnung, und seine Landsleute folgten dem Aufruf.

Neben Kučan hielt der slowenische Erzbischof Alojzij Šuštar eine Rede, welche die Einheit des späteren slowenischen Staates begründete: Denn anders als Kroaten, Serben und Bosnier wagten die Slowenen den Blick in die Abgründe ihrer Geschichte und suchten denen beizustehen, die das Gesehene nicht ertragen konnten. Es war ein Zeichen, das alle verstanden, und das der schlaue Kučan, wie er versicherte, nicht nur aus naheliegenden taktischen Erwägungen gesetzt hatte, die gleichfalls legitim gewesen wären: Ein Neubeginn habe, so Kučans ehrliche Überzeugung, nur dann Aussicht auf Erfolg, wenn die Untaten der Vergangenheit benannt und eingestanden würden. Ein halbes Jahr später stimmten am 23. Dezember 1990 mehr als 90 Prozent der Slowenen für einen souveränen und unabhängigen Staat. Danach gab es kein Zurück mehr.

Ich denke oft darüber nach, ab welchem Zeitpunkt die Bilder, die ich sah, eine andere Geschichte zu erzählen begannen als die, die ich im Text festhielt. Möglicherweise war es ja von Beginn an so, und ich hatte es bloß nicht bemerkt, weil ich nur hören und sehen wollte, was ohnehin klar auf der Hand lag? Und warum begriff ich nicht, dass es Erzählungen gab, die im voraus auf Bilder verwiesen, die erst später kamen? In der Affäre Špegelj, beispielsweise: Schon im Jänner 1991 warf die Belgrader Bundesregierung dem kroatischen Verteidigungsminister Martin Špegelj vor, in großem Umfang Waffen und Massenvernichtungsmittel einzukaufen und ein Massaker an der serbischen Bevölkerung zu planen. Kommt uns das mittlerweile nicht sehr bekannt vor? Hier wurde ein Interventionsgrund geschaffen, das lag klar auf der Hand.. Aber ich übersah, dass die schamlose Evokation der Ustascha-Greuel des Zweiten Weltkrieges die Möglichkeit ihrer Wiederholung nicht ausschloss, sondern beschwor. Ich sah es nicht, weil ich nicht mit dem Möglichen, sondern nur mit dem Wahrscheinlichen rechnete.

Im Mai 1991 trafen einander Roter Stern Belgrad und Dinamo Zagreb zum letzten Mal in Jugoslawien zum Fußballspiel in Zagreb. Die biederen Kroaten gewannen gegen die serbischen Ästheten mit 3:2, und nach dem Spiel rottete sich der kroatische Mob zusammen und zog, Ustascha-Lieder grölend, durch die Innenstadt. Serbische Fans waren erst gar nicht angereist. Im Frühling war ich in Knin gewesen, der uralten serbischen Enklave in Kroatien, wo es von Militär wimmelte und serbische Zivilverbände, bis an die Zähne bewaffnet, damit drohten, die Kroaten nach Zagreb zu treiben oder ins Meer zu werfen. In Slowenien weigerte sich die Territorialarmee, der Bundesarmee ihre Waffen abzuliefern, die Gerüchte um eine kurz bevorstehende militärische Intervention kamen und gingen in Tagesabständen. Ich sah die Brüche, welche die Geschichten durchzogen, aber ich weigerte mich, sie auszuleuchten.

Das änderte sich innerhalb weniger Stunden. Am 25. Juni 1991 ratifizierten Kroatien und Slowenien offiziell ihre Unabhängigkeit. Nach dem Staatsakt feierten die Menschen in Ljubljana bis in die frühen Morgenstunden und wir, Journalisten aus aller Herren Länder, feierten mit, glücklich und erleichtert, dass es nicht zum Schlimmsten gekommen war. Um drei Uhr früh wankten wir in Richtung Hotel, als wir neben Tromostje, der Dreierbrücke des Otto-Wagner-

Schülers Joze Plečnik, mitten in der Stadt Soldaten der Territorialverteidigung erblickten, die mit einem schweren Maschinengewehr in Stellung gegangen waren. »Haut ab, die Serben kommen«, rief uns der Kommandant zu, bleich und unwesentlich älter als die jungen Burschen, die er befehligte. Während in der Stadt noch auf die Unabhängigkeit getrunken wurde, riegelte die Territorialarmee bereits die Ausfallstraßen ab. Slowenien war im Krieg.

Gerhard schnappte sich einen Kameramann, wir sprangen in einen Wagen und gelangten auf Umwegen, von denen wir nicht wussten, ob sie bereits vermint waren, aus der Stadt und auf die Straße nach Vrhnika, wo die Panzergarnison der Bundesarmee stationiert war. Es war leicht, die ausgerückten Tanks zu finden: Wo sie vorbeigekommen waren, säumten plattgewalzte Autos und umgefahrene Ampeln den Weg, tiefe Kettenspuren auf dem Asphalt wiesen in Richtung Flughafen. Vereinzelt standen Menschen herum wie angefroren und weinten stumm. Wir arbeiteten wie betäubt, Gerhard filmte, ich schrieb, er machte seinen ersten Aufsager vor einem Trümmerhaufen, dann fuhren wir den Panzern hinterher und waren plötzlich mitten unter ihnen, der Kameramann Lenko, ein Slowene, drehte, was das Zeug hielt – die Geschichte erzählte sich von selbst, in beiden Sprachen.

Vom nächsten Tag ist mir vor allem eine unglaubliche Stille in Erinnerung. Die Telefonleitungen aus dem Hotel nach Österreich – es war die Vor-Handy-Zeit – waren nicht unterbrochen, und in einem Bunker unter dem Kulturzentrum Cankarjev Dom hatte die slowenische Regierung ein provisorisches Presse- und Informationszentrum eingerichtet, in dem Informationsminister Kacin in den nächsten Wochen alle Register seines Talents ziehen sollte. Die Straßen waren menschenleer, abgesehen von den Patrouillen der Territorialverteidigung, die Menschen blieben in ihren Wohnungen und Häusern. Am späten Nachmittag dann das Geräusch einer Detonation, kurz und scharf, danach etwas wie ein Echo, Stille. Die Nachricht von irgendwoher, die Slowenen hätten einen Armeehubschrauber abgeschossen, er sei über dem naheliegenden Villenviertel abgestürzt. Nach einigem Suchen stießen wir auf das Wrack.

Es lag in einer dieser tiefen Gassen, die wie zufällig die alten, gepflegten Gärten durchschneiden, welche die Häuser umgeben – Herrschaftshäuser, Herrschaftsbesitz. Die Straße war von abgerissenen Zweigen und Blättern übersät, kein Laut zu hören, keine entfernte Sonntagsnachmittagsmusik oder Sportübertragung, kein Partygeräusch, kein Hundebellen, kein Vogelgezwitscher, nichts. Völlige Stille. Dann hörten wir ein Knistern weiter unten am Ende der Trümmerstrecke, die sich über die Straße hinzog, dort wo die Pilotenkanzel aufgeschlagen war. Zwei Sitze auf verbogenen Kufen glosten vor sich hin, unter dem formlosen Klumpen, der das Cockpit gewesen war, verschmorten Kunststoff- und Metallteile. Nicht weit davon lagen die Körper der beiden Piloten, die Gliedmaßen bizarr verrenkt und unversehrt wie ihre Torsi, abgesehen davon, dass die versengte Haut teilweise in Fetzen herunterhing und kaum von den Uniformresten zu unterscheiden war. Über die ganze Straße verstreut lagen Brotlaibe, goldenes Weißbrot, nicht einmal angesengt, wie frisch vom Frühstückstisch gefallen. Das Bild: Brot auf der Straße, zwei tote Jungen, ein ausgebrannter Helikopter. Aber welche Geschichte? Zwei Soldaten bekommen eine halbe Stunde zuvor den Befehl, mit dem Hubschrauber loszufliegen. Zwei, vor denen das Leben liegt, beide Mitte 20, zu Hause haben sie Eltern, Geschwister, Freunde, Freundinnen. Ein Jahr noch in der Armee, dann beginnt das Leben erst wirklich, zwölf Monate noch im Bau, dann hinaus auf das weite, sonnenbeschienene Feld. Jetzt schnallen sie sich an, maulen über ihren Befehl. Sie sollen das Brot hinüber zur Panzerkolonne fliegen, die am Vortag aufgebrochen ist und ohne Widerstand die österreichische Grenze erreicht hat. Führen Krieg und nehmen keine Jause mit, scherzt der Pilot, als er den Rotor anwirft. Der andere hat den Brotsack hinter den Sitzen verstaut, schnallt sich an, mach schnell, wir wollen bei Einbruch der Dunkelheit zurück sein, ich hab keine Lust, die Nacht am Loibl zu verbringen. Sie starten, fliegen tief über Ljubljana hinweg, sie haben ja nichts zu fürchten. Zehn Minuten später sind sie tot.

An diesem Nachmittag begann ich zu begreifen, dass es nicht genügt, zu beschreiben, was man sieht, wenn man der Wahrheit nahe genug kommen will, um das Gesehene erträglich zu machen. Mir wurde klar, dass Bilder nicht von selbst sprechen, dass sich die Geschichte nicht von selbst schreibt und Bilder keine selbstverständlichen Geschichten erzählen. Es genügt nicht, eine journalistisch korrekte Beziehung zwischen den Bildern und ihrer Geschichte herzustellen, weil die jorurnalistisch korrekte Recherche, die auf die Möglichkeit einer Rekonstruktion der Wahrheit des

Geschehens abzielt, von naiven und falschen Voraussetzungen ausgeht: Anders als im friedlichen Alltag, in dem wir uns mit den Lügen und Betrügereien abgefunden haben, die wir zu unserem Vorteil einsetzen, erwarten wir, dass im Krieg nicht gelogen wird, dass die Feinde kenntlich gemacht werden, dass sich jeder an seine Rolle hält, Gut und Böse, einmal festgelegt, nicht die Plätze tauschen und vor allem, dass nicht getäuscht und betrogen wird. Wir werden von unserer Vorstellung zum Narren gehalten, der Krieg müsse nach festen, überprüfbaren Regeln wie ein sportlicher Wettkampf geführt werden, nach Regeln, deren Verletzung automatisch Sanktionen nach sich führt – sei es durch eine Kraft von außen, sei es durch eine innere, unumstößliche und feste Gesetzmäßigkeit, die wir ebenfalls unterstellen und die es nicht gibt – nämlich unseren Wunsch, dass der oder das »Gute« letztendlich den Sieg davon tragen soll.

Vermutlich neigen wir zu solchen moralischen Haltungen, weil die meisten von uns – gottlob – keine praktischen Erfahrungen mit dem Krieg haben und diesbezüglich auf kulturelle Überlieferungen, Filme und Erzählungen, angewiesen sind. Und wir neigen dazu, die Wirkung solcher Überlieferungen zu über- oder unterschätzen, indem wir sie als selbstreferentiell bertrachten. Möglicherweise ist das auf die Eigendynamik zurückzuführen, die moderne Kommunikationstechnologien entwickeln – besonders, wenn sie im Grunde zum einfachen Zweck der Dokumentation eingesetzt werden, die für die Herstellung wie immer befrachteter Analogien nicht geeignet scheinen. Dennoch lässt gerade die scheinbar so unbestechliche und saubere

Dokumentation jede darüber hinausgehende Deutung zu:

Das Bild des nackten halbwüchsigen Mädchens, das geschockt dem Napalm-Bombardement seines Dorfes entkommen ist und sich nun in Sicherheit zu bringen versucht, hält im Grunde nur eine der vielen Grausamkeiten des Vietnamkrieges fest, ebenso das Foto, auf dem der Polizeichef von Saigon, General Nguyen Ngoc Loan einen gefangenen und an den Händen gefesselten Vietkong in den Kopf schießt. Ihre immanente, individuelle Wahrheit, die archaische Grausamkeit des Krieges, die den Menschen immer schon geläufig war, ohne sie am Kriegführen zu hindern, wird von der Rezeptionsgeschichte überlagert: Beide Bilder entwickelten sehr rasch nach ihrer Veröffentlichungen eine grundsätzliche politische Botschaft, die sich sehr gut in den Protest der Kriegsgegner gegen die Militärpräsenz der USA in Vietnam einfügte. Beide Bilder wurden benutzt, um die Sinnlosigkeit des Krieges im allgemeinen, besonders aber dieses speziellen Krieges, anzuprangern. Das ist besonders in diesem Fall nichts Ehrenrühriges, kann doch die Absicht, die Öffentlichkeit grundsätzlich gegen den Krieg und seine Bestialitäten einzunehmen, nie falsch sein.

Dennoch haftet der Rezeptionsgeschichte des Fotos ein unangenehmer Zug an, der nichts mit den hehren Absichten der Leute zu tun hat, die sie in ihre Richtung entwickelt und für ihre moralisch zweifellos untadelige Haltung eingesetzt haben. Denn sie blendet etwas aus, das unabhängig davon als kontextuelle Wahrhaftigkeit bezeichnet werden kann, die der Berichterstatter beizubringen hat. Die junge Vietnamesin, die den Napalmangriff überlebte, hatte eine jüngere Schwester, die darin ums Leben kam und eine Familie, die das Trauma dieses Tages für immer zerstörte. Das Mädchen gelangte, nicht zuletzt durch die finanziellen Zuwendungen einer auch von solchen Bildern aufgerüttelten amerikanischen Öffentlichkeit, in die USA, wo es durch eine gezielte ärztliche Behandlung so weit wiederhergestellt wurde, dass ihr ein halbwegs menschenwürdiges Leben ermöglicht wurde. Heute lebt die Frau in den USA. Sie hat den US-Piloten, der den Angriff gegen das Dorf flog, kennengelernt und ihm, wie sie behauptet, verziehen. Der Pilot kam über das Geschehen nie hinweg, nach seinem Ausscheiden aus der Armee wurde er zum Trinker und lebt heute, nach einigen Entziehungskuren, als Pfarrer einer Methodistengemeinde irgendwo im Mittelwesten.

Den Killer von Saigon beschreibt die italienische Journalistin Oriana Fallaci als musischen, wohlerzogenen Mann, den sie während des Vietnamkrieges zweimal interviewt hat – einmal auf dem Höhepunkt seiner Macht, das zweites Mal, als der Sieg des Vietcong bereits feststand und der General, mittlerweile schwer krank, in einem französischen Militärhospital Zuflucht gefunden hatte. Es ist nicht sehr verwunderlich, dass Fallaci zwei völlig unterschiedliche Begegnungen schildert. Bei der ersten traf sie einen Mann an, der sein Charisma oder was er dafür hielt, aus seiner täglich und uneingeschränkt geübten Gewalt bezog. Beim zweiten Mal traf sie ein wimmerndes und weinendes Menschlein vor, das ihr weiszumachen versuchte, die Uniform stets gehasst zu haben und für den Beruf eines Soldaten oder Polizisten nicht geschaffen zu sein. Auf Fallacis Frage, warum er den wehrlosen Gefangenen vor den Augen der ganzen Welt erschossen habe, gibt der General eine erschütternde Antwort: »Er trug keine Uniform. Einen Menschen, der schießt, ohne seine Uniform zu tragen, kann ich nicht respektieren. Das ist zu bequem: umbringen, ohne erkannt zu werden. Einen Nordvietnamesen respektiere ich, weil er ebenso wie ich als Soldat angezogen ist ist und darum ebensoviel riskiert wie ich. Aber einen Vietkong in Zivil... da hat mich die Wut gepackt. Und der Zorn hat mich geblendet. Ich sagte mir, du Vietkong zahlst nicht den gleichen Preis wie ich für diese verhasste Uniform, du kannst dich verstekken...Und so habe ich auf ihn geschossen.«

Fallaci hat ihrem Tagebuch, in dem sie diese Szene beschreibt, den Titel »Niente e cosí sia« gegeben – »Nichts ist, wie es scheint.« Das gilt für das Verhältnis zwischen Opfern und Tätern ebenso wie für die Rolle, die dem Berichterstatter zukommt und die nie eine des unbeteiligt Notierenden ist, so sehr er sich das auch wünschen mag. Je früher er begreift, dass er gerade durch seine vermeintlich exterritoriale Position selbst Teil des Geschehens ist, umso leichter widersteht er der Versuchung, die Grauzonen auszublenden und flache Schwarz-Weiß-Aufnahmen zu liefern. Den einzelnen Journalisten stellt die Erfahrung, dass auch sein Medium Teil des Krieges und seiner Instrumente ist, vor eine zugleich schwerwiegende und einfache Entscheidung: Entweder er belässt es bei der Beschreibung der Bilder, die sich ihm bieten, oder er versucht, sie zu entschlüsseln und in den Prozess ihrer Entstehung einzubetten. Für beides gibt es bessere und schlechtere Gründe, für beide Zugänge gilt, dass sie nicht über neutrales Gebiet führen und unparteiisch bleiben können. Die Berichterstattung der Medien im Krieg ist keine Ausübung einer intellektuellen Funktion, und anders als die Intellektuellen, die aus guten oder schlechten Gründen zum Krieg schweigen können, hat sich der Berichterstatter zum Reden darüber verpflichtet. Für seine Tätigkeit gelten andere Zeiten als für die Reflexion, was zur Folge hat, dass sein Tun im weitesten Sinn unreflektiert geschieht. Das führt mittelbar zur schmerzhaften Erkenntnis, genau das nicht liefern zu können, was von ihm irrtümlicherweise erwartet wird: die Wahrheit des Geschehens. Im besten Fall kommt er Tatsachen auf die Spur, die je nach Bereitschaft der Handelnden verhüllt oder preisgegeben werden.

Den Hubschrauber, den die slowenische Territorialverteidigung am 27. Juni 1991 über Ljubljana abschoss, flogen zwei slowenische Piloten, die in der Bundesarmee ihren Dienst versahen. Den Brotsack, den sie mitführten, hatten sie in einer slowenischen Bäckerei aufgefüllt, weil die jugoslawischen Kommandanten ihrer Truppe, die zehn Tage festliegen sollte, zu wenig Proviant mitgegeben hatten. Schließlich lautete der Tagesbefehl, die Staatsgrenzen und die slowenischen Landleute gegen eine NATO-Invasion zu schützen. Mit dem Abschuss signalisierte die Territorialarmee dem Gegner, dass sie sehr wohl über eine aktive Flugabwehr verfügte und ihn als Angreifer, nicht als Befreier definierte. Das Brot auf der Straße war vom gemeinsamen Tisch gefallen, und die Familienmitglieder, die sich jahrzehntelang friedlich um ihn versammelt hatten, gingen nun mit tödlichem Hass aufeinander los.